AF156046

STREET COP

Übersetzung aus dem amerikanischen Englisch
von Clemens Meyer

S. FISCHER

STREE

ROBERT

T COP

COOVER

art spiegelman

»UND ER IST
SCHLIESSLICH NUR
EIN STREET COP.«

ein toter Körper vor einer Bar.

Scheint schon eine Weile dort zu liegen. Es ist Vormittag. Und es sollte keinen Toten geben.

Er hilft zwei anderen Cops, einen vergammelten Typen zu schnappen, der durch den dichten Straßenverkehr schlingert. Die beiden Cops sind flink, aber an ihren viel zu hohen und immer gleichen Schritten erkennt er, dass sie Robots sind. Im Vorbeifahren schießen ein paar Gaffer Fotos, aber unter stetigem Hupen und Stoßstange an Stoßstange schiebt der Treck der Fahrzeuge sich langsam weiter.

Der Typ, den sie einkassiert haben, versichert, dass er unschuldig ist. Behaupten sie alle.

Sagt dann, dass er nur die Taschen des Toten durchwühlt hat. Niemand hört ihm zu. Die beiden Cops schmeißen den Verdächtigen und den Toten in einen selbstfahrenden Einsatzwagen, dann quetschen sie sich zwischen ihr Gepäck, das Blaulicht auf dem Dach beginnt zu flimmern, die Sirene plärrt. Wer weiß, vielleicht hat der Penner ja die Wahrheit gesagt.

Er selbst hat ja hin und wieder ein paar Taschen ausgeräumt, aber meist nur von Junkies und Schnapsleichen, nie von einem echten Toten. Ob sie das arme Schwein sogar exekutieren, für das, was sie ihm anhängen? Möglich. Wenn die beiden wirklich Robots sind, wurden sie vorprogrammiert und folgen nun dem Programm, da gibt's nichts und niemanden, der das ändern könnte. Ein Street Cop, wie er einer ist, schon gar nicht. Denk nicht drüber nach, bring deinen Tag rum, geh auf ein Bier.

Eingeknastet von einem Robot. Irgendwie respektlos einem Mörder gegenüber. Mord und Totschlag waren doch immer die krassesten Nummern gewesen. Genau deswegen war er in diesem Job. Damals schien alles klar und einfach: gut und böse, richtig und falsch, unschuldig/schuldig. *Ein toter Weißer präsentierte sich ihnen auf dem schwarzen Samt der nächtlichen Stadt*, so ähnlich hatte es mal irgendein Dichter ausgedrückt.

Wer bin ich?, fragte die Leiche. Wie bin ich denn hierhergekommen? Um Antworten zu finden, verbissen sich Teams mit Humphrey-Bogart-Hüten in jeden einzelnen Fall, machten sich mit der Nachbarschaft vertraut, waren hinter Zeugen und Verdächtigen her, brachten Ordnung in die Widersprüche der Ermittlungen und Aussagen, lösten diese Mordfälle, als wären es knifflige Ratespiele. Wunderschön. Er wünschte sich so sehr, dazuzugehören. Kaufte sich sogar einen Humphrey-Bogart-Hut.

Aber bevor er alt genug war, um bei den Cops mitmischen zu können, änderten sich die Dinge, und zwar grundlegend. Viertel wie seins wurden einfach verschluckt von dem Lärm und den Lichtern der Stadt. Jede Menge tote Weiße, doch kein schwarzer Samt mehr. Plötzlich rückten Leute ins Rampenlicht, für die sich vorher niemand interessierte. *Everybody was in everybody else' life.*

Kriminelle waren nun interessanter als Detectives, die nur umständlich ihre alten

Stories runterratterten, während Killer auf ihrem Weg in die Gaskammer oder auf den elektrischen Stuhl ein paar heiße Beichten zum Besten gaben, die man so noch nie gehört hatte. Es war, als ob die Zeit mit einem Mal runterfuhr, als wollte sie, dass man, innehaltend, all das wahrnahm.

Cops waren nun *suspect*, und jedes ermittelte Verbrechen wurde in Frage gestellt. Die Morde verschwanden von der großen Bühne, sogar die Ermittlungen in diesen Fällen verloren ihre Dringlichkeit, schienen nicht mehr notwendig zu sein. Die Ratespiele waren vorbei, schlechte Zeiten begannen, schwappten wie eine große Welle über die Viertel der Stadt.

Er nahm diese Veränderung persönlich, das war ein Angriff! Der ihn aus der Spur brachte, rüber auf die dunkle Seite. Dort gab es jede Menge Drogen, die er einwarf, die er vertickte. Er lebte auf der Straße, hing mit den Alten ab, für die er als *Runner* unterwegs war, kleine Aufträge erledigte. Aber all das fühlte sich so an, als würde er vollkommen normal aufwachsen. Fast eine Jugend.

Und dann, eines Tages, kam er wieder zu sich, als er auf der Flucht war. Drogen, oder ein einfacher Raub, vielleicht eine Handtasche, die er abgegriffen hatte, er war immer pleite und hatte keinerlei Hemmungen, wenn es um Kohle ging. Er war vollkommen außer Kontrolle, und vielleicht hatten die Alten ihn an die Cops verpfiffen, um ihn loszuwerden.

Zuerst waren es zwei, dann vier, dann fünf, dicht hinter ihm. Sie jagten ihn durch die ganze Stadt, sie schrien, ihre Sirenen plärrten, sie schossen mit ihren Knarren auf ihn, und immer mehr Cops schlossen sich ihnen an. Er war drahtig und schnell, trotz der Drogen, und er entwischte. Aber er wusste, dass sie nie aufgeben würden, dass sie ihm auf der Spur bleiben würden, dass es keinen Platz gab, um sich zu verstecken.

Und so ging er auf eine Wache, zu den Bullen, um sich zu stellen.

Du bist wegen dem Job hier?, fragte ihn der Sergeant hinter der Anmeldung.

Und er hob beide Hände und erzählte ihm seine traurige Geschichte, aber der Sergeant war überhaupt nicht interessiert. Er war auf der Suche nach einem neuen Street Cop, und alles, was er wollte, war ein Vorstellungsgespräch. Und in dem ging's im Prinzip nur darum, wann der junge Kerl, der da vor ihm stand, das erste Mal gebumst hatte. Und so erzählte er dem Sergeanten von der jungen Junkiebraut in dem Park, wo er seinen Stoff vertickte, die die Dealer mit Sex bezahlte, manchmal mehrere gleichzeitig. Und er erzählte, wie er bei seinem ersten Mal der Vierte in der Schlange war, und wie die Junkiebraut schon schnarchte, als er endlich dran war. Und nur deswegen konnte er nicht so richtig lernen, wie's geht.

Der Sergeant lachte. Und sagte dann, dass die ganze Drogengeschichte der Bewerbung mehr Glaubwürdigkeit geben würde. Und bot ihm an, der Truppe beizutreten.

Der Street Cop verließ die Wache in Uniform und schloss sich den Jägern an, die das Phantom suchten, das er eben noch gewesen war.

Das Tagesgeschäft hatte sich nicht geändert in all den Jahren. Parktickets mussten verteilt werden, vermisste Personen gesucht, häusliche Streitereien geschlichtet, Kämpfe mussten unterbunden werden, verwirrte nackte Alte mussten vor Sadisten beschützt werden, die sie quälen wollten, Krankenwagen mussten so oder so gerufen werden, und die Arrestzellen füllten sich: mit Ladendieben und Einbrechern, mit Vergewaltigern und Irren, mit Krawallmachern und Aufrührern, mit Junkies – *schlimme Menschen*. Und er war einer von ihnen gewesen, und war nun wieder unter ihnen.

Aber die Stadt hatte nicht aufgehört, sich zu verändern, von Grund auf, und damit änderte sich einfach alles. Raum und Zeit hatten sich irgendwie und auf seltsame Art und Weise miteinander verquickt, die Zeit war nun ein Ort und kein Strom mehr, ein Ort, an dem Vergangenheit und Zukunft gleichermaßen existierten, und mit ihnen die Präsenz der Gegenwart, während die Stadt die alten Versuchsanordnungen der Zeit imitierte und durchbrach, in beinahe ruheloser Mutation.

Ganze Wohnviertel schoben sich bis in die Parks hinein, auch der Block, in dem er früher gelebt hatte, und hinterließen nichts als gefährliche *Wastelands*. Ganze Nachbarschaften und Bezirke wechselten ihre Standorte. Straßenzüge mit 3-D-Druckern zu replizieren war nun das Normalste von der Welt, und die Stadt verwandelte sich in ein verwirrendes Labyrinth. Immerhin ein angemessener Schutz vor Terrorismus, behauptete das City-Management. Die Cops konnten sich, streng vertraulich, die täglich neuen Stadtpläne runterladen, aber er kapierte einfach nicht, wie das funktionierte. Auf den öffentlichen Personennahverkehr war überhaupt kein Verlass mehr,

Busse und Züge kamen urplötzlich und oft gar nicht. All die unverrückbaren Grenzen und Bestimmungen seiner Kindheit hatten sich in trügerisch schillernden Pfützen absoluter Unsicherheit aufgelöst. Wirkung zeigte sich nun nicht mehr notwendigerweise nach der Ursache, einfach alles war eine rein provisorische Illusion. Menschen wurden umgelegt und starben, wie sie's immer getan hatten, aber nun nicht mehr zwangsläufig in dieser Reihenfolge. Manche Dinge passierten zwei Mal, Ereignisse wiederholten sich, manchmal wieder und wieder und in verschiedenen Geschwindigkeiten.

Jeglicher Hinweis und Beweis war jetzt Teil einer Datenbank, die vollkommen sicher war vor menschlicher Einflussnahme, Entscheidungen über *was-auch-immer* und *wen-auch-immer* mussten nicht mehr getroffen werden. Die Datenbank zu füttern war

»MENSCHEN WURDEN UMGELEGT UND STARBEN, WIE SIE'S IMMER GETAN HATTEN, ABER NUN NICHT MEHR ZWANGSLÄUFIG IN DIESER REIHENFOLGE.«

schon längst viel wichtiger geworden, als sie zu nutzen.

Schon bevor er ein Cop wurde, hatte er all das gehasst, und verabscheute es nun noch mehr, aber es war besser, mitzuspielen und nicht zu viel drüber nachzudenken, als in den Knast zu wandern.

Er beobachtet einen Typen auf der anderen Straßenseite, der sich in einen Trenchcoat geschnürt hat. Der Typ trägt blankgeputzte Lederschuhe, die eine Stange Geld gekostet haben müssen, eine Kippe glüht unter seinem Humphrey-Bogart-Hut, der Zigarettenrauch verschwindet in den Schatten, die der Typ hinter sich herzuziehen scheint.

Er kennt ihn. Ein ehemaliger Partner bei den Bullen, der auf dem Weg nach oben war, als die Detectives sich noch in diesem Stil kleideten, der ihn jetzt aber zu einer

Karikatur verkommen ließ, gefangen in der längst vergangenen Zeit. Jetzt trugen Leute wie er weiße Laborkittel und passende Sportschuhe, wenn man sie denn überhaupt draußen sah, sie gingen höchstens mal Joggen, und niemand rauchte. Der alte Detective stand einsam wie ein Denkmal auf der Straße, Trenchcoat, Hut und Zigarette. Die Leute stoppten und starrten ihn an, machten Selfies mit ihm. Er kassierte die Münzen, die sie ihm gaben, ohne eine Miene zu verziehen, nahm dann eine neue Pose ein für ein weiteres Foto.

Dieser Typ und all die anderen, die zur selben Zeit wie er bei der Polizei angefangen hatten, waren längst befördert worden, manche mehrfach, waren aufgestiegen bis zur Special Opr., wurden Verhörspezialisten, Terrorexperten, machten in Cyber, saßen in der Verwaltung; nur der Street Cop ist noch genau dort, wo er einst begann. Das Einzige, was sich verändert hat, ist seine Uniformgröße.

Sein letzter Partner verschwand, zusammen mit einem Gebäude, das er eben erst betreten hatte und das, genau wie sein Partner, auch nie wieder gesehen wurde. Sie stellten ihm keinen Ersatz, ließen ihn allein in seinen Straßen. Er wusste, dass sie ihn letztendlich nur duldeten, aber wenigstens das. Und ohne das lausige Gehalt, was sie ihm zahlten, hätte er wieder dealen müssen.

Zugegeben, einige Veränderungen hatte es doch gegeben in letzter Zeit. Da waren zum Beispiel der neue City-Manager oder die strategischen Maßnahmen aufgrund der täglichen Terrorgerüchte. Wer oder was auch immer hinter all dem steckte, die Dinge schienen sich wieder normal in der Zeit zu bewegen, auch wenn auf die Uhren immer noch kein Verlass war. Zumindest die Reihenfolge war wieder hergestellt. Alles raste an ihm vorbei, mit zu vielen gleichzeitigen Abzweigungen, aber die Richtung stimmte.

Auf ein Verbrechen folgte nun wieder eine Strafe, egal, wie alles zusammenpasste, und plötzlich erkannte er alles, sah jedes kleinste Detail, egal, wie weit es weg war, als ob die Sonne plötzlich die Nacht erhellte, aber wahrscheinlich lag das an seiner Augen-OP, grauer Star.

Er war wieder voller Selbstbewusstsein, während er sein Revier ablief, auch wenn die Fülle der Details ihn irgendwie nicht weiterbrachte und er sich immer noch in all dem verlor.

Die Stadt aber schien sich weiterhin unaufhörlich selbst zu konfigurieren, einmal um den Block herum und der Block war ein anderer, was es für einen alten Street Cop wie ihn verdammt hart machte, zu wissen, wo man war. Aber vielleicht hatte das auch damit zu tun, dass er langsam wurde, unflexibel, das Vergessen begann.

Der Raumhafen ist *busy*. Das ständige Donnern der intergalaktischen Privatflüge liegt über allem, mischt sich in den geballten Lärm. Übertönt jedes Düsenflugzeug, zerreißt jeden Nerv. In ihrer Unzufriedenheit treibt es die Menschen immer weiter, immer höher. Und wenn sie nicht irgendwohin fliegen, weil sie sich nach neuen Abenteuern sehnen (die doch immer die gleichen sind und bleiben), latschen sie mit 3-D-Headsets durch die Gegend, leben in irgendwelchen virtuellen Wirklichkeiten, während die Wand, gegen die sie's dann manchmal klatscht, und der Straßenverkehr, in den sie taumeln, dann doch sehr real sind.

Lieferdrohnen flattern an ihm vorbei, viel zu nah. Die Dinger sind wichtig fürs Business, deshalb muss er kleine rebellierende Scheißer stoppen, die mit Besen und Schmetterlingsnetzen hinter ihnen her sind; aber so verrückte Sachen machen ihn nervös, weshalb er diesen Bratzen immer viel zu viel Zeit gibt, ihre Ausbeute aufzubessern, bevor er sie dann irgendwann doch erwischt und einknastet.

Was für ein überwältigendes Upgrade die Stadt bekommen hat, nach all den schlechten Zeiten! Zuerst war er fasziniert, doch das legte sich schnell. Hat sicher mit der Technik aus der Steinzeit zu tun, mit der er aufgewachsen ist.

Eine nackte Frau, hoch oben auf einem Dach. Scheint gleich zu springen. Viel zu weit weg, um irgendwas dagegen machen zu können, außer zuzusehen und es zu melden. Er muss nur einmal auf das *Smartphone für Dummies* tippen, das sie ihm für den Dienst zur Verfügung gestellt haben. Hunderte *fancy Apps* sind auf dem Teil, aber er weiß nicht, wozu die gut sein sollen, und will es auch nicht wissen.

Die Frau auf dem Dach hält auch irgend so ein Gerät in den Händen, in das sie reinquatscht. Dann tritt sie einen Schritt vor, ins Leere. Fällt. Kurz scheint sie zu schweben, mit dem Arsch nach unten, die Füße strampeln in der Luft.

Ein Typ fliegt plötzlich auf sie zu, auch er nackt wie ..., und auch er hält ein Sex-Phone und streckt gierig seine Hände. Um sie zu retten? Nein, um sie zu ficken, irgendwo zwischen oben und unten. Der Street Cop hat von so was gehört. Der neueste heiße Scheiß. Aber illegal. Das City-Management stufte solche vollkommen-zügellosen-Sex-Irre als Gefahr für die Öffentlichkeit ein. Sogar als eine Art Terroristen. Und *die* beiden haben sicher schon jede Menge Auto-Crashs von Spannern verursacht, da unten. Aber ihre Phones funktionieren nicht mehr, die Signale wurden wahrscheinlich schon von der Stadtverwaltung blockiert, und nun stürzen sie wirklich, ungebremst.

Zum Glück gehörte es nicht zu seinem Job, die Straßen zu säubern.

Die schöne Elektra erscheint auf seinem Screen. Er erzählt ihr, was er gesehen hat, aber sie weiß schon längst Bescheid. Vielleicht hat sie ja selbst die Verbindung der beiden getrennt.

Er sagt ihr auch, dass er den Robots bei der Festnahme geholfen hat, zu Beginn seiner Schicht. Und dass der Penner, den sie geschnappt haben, möglicherweise unschuldig ist.

So wie's aussieht, kann sie nicht fassen, was er da behauptet. Und sie stellt klar, verzieht dabei keine Miene: Das war ein *Act of Terror*. Das Bild fällt in den Sleep-Mode, wirkt nun flach, ohne jegliches Leben. Terrorismus ist die Fick-dich-ins-Knie-Erklärung für einfach alles. Und er seufzt leise, versteckt seine Enttäuschung. Nein, sagt er, das war nur Mord.

Und das scheint ein Signalwort für die schöne Elektra zu sein. Denn ihre Laune fährt aus dem Sleep-Mode nach oben, beinahe vergnügt lächelt sie ihn an mit ihrem schönsten Lächeln: Man hätte da noch ein anderes Mordopfer gefunden. Ziemlich böse zugerichtet. Und das in seinem Zuständigkeitsbereich. *Bitte übernehmen Sie!*

Aber es gibt Tausende Mordopfer, sagt er, überall in der Stadt. Und was macht diesen Fall denn jetzt so speziell?

Elektra hat dazu keine weiteren Informationen. Gibt ihm nur die Koordinaten. Aber alle Koordinaten in dieser Stadt sind zeitlich begrenzt, so dass er schnell dort sein muss, bevor sich alles ändert. Er fragt noch einmal nach den Zahlen und Daten, aber der Screen ist schon leer. Er drückt den Connection-Knopf, aber nichts passiert. Vielleicht hätte er einfach nur BITTE sagen müssen.

Hätte er die Koordinaten in sein Phone eingeben können, würde das Gerät ihn ohne Probleme dorthin führen. Aber er hat die Zahlen einfach vergessen, und selbst wenn er sie noch gewusst hätte, das Navi zum Laufen zu bringen, hätte ihn überfordert. Außerdem gab's da noch ein Passwort ...

Er könnte sich beim Management über Elektra beschweren, aber der Einzige, der Schuld bekommen würde, wäre er. Der Street Cop.

Außerdem war er verliebt in sie, *Pretty Electra*, und eine Trennung wollte er nicht riskieren. Sie war zwar nur eine digital erzeugte persönliche Assistentin, ähnlich wie das Ding in seinem Schuh, das sich ständig beschwerte, eine Art Spracherkennungsprogramm, aber in ihrem Fall kam hinzu, dass die Pixel eine unwiderstehliche Verführung formten auf seinem Screen, sie schien sich sogar um ihn zu sorgen, kümmerte sich, als wäre er Familie, niemand hatte das für ihn getan, seit seine Großmutter gestorben war.

Persönliche Assistentinnen gab es jetzt überall. Sie warnten dich vor den Kalorien in dem Stück Kuchen, das du dir gerade einverleiben wolltest, mischten sich in deine Verhandlungen ein beim Gebrauchtwagenhändler, bombardierten dich mit allen Terroralarmstufen, zogen dich regelrecht zurück, wenn du den Bordstein bei ROT in Richtung Straße verlassen wolltest, und sie konnten dich sogar in ein Gespräch verwickeln, Fragen beantworten, etwa über das Wetter, hatten Ratschläge parat, Gesundheit undsoweiter. Sie schienen irgendwo da oben zu sein, so wie früher die Götter.

Und obwohl Elektra zu *denen* gehörte, war sie doch besonders. Einmal zum Beispiel, als sich eine Straße, durch die er nichts ahnend gelaufen war, plötzlich wie ein Teppich um ihn legte, ihn einrollte und begann, ihn zu zerquetschen, war es Elektra, die reagierte, bevor er auch nur eine Taste seines Phones drücken konnte. Sie lächelte ihr zärtlichstes Lächeln, während sie ihm Anweisungen gab, wie er die *Schurken-Street* wieder aufrollen und sie dabei mit einem Narbengesicht aus Schlaglöchern bestrafen konnte.

Manchmal drückte er ihren Knopf, wenn er frei hatte, nur damit sie bei ihm war, und das schien sie nicht zu stören.

Und nun, ohne sie, muss er sich auf seinen Instinkt verlassen. Für die alten Detectives war das eine sichere Sache, für ihn weniger. Einmal führte ihn so eine Ahnung in eine Gasse, die nur eine Projektion war über einer tiefen Grube. Übler Sturz, bei dem er sich ein Bein brach.

Elektra meinte nur, dass sie versucht hätte, ihn zu erreichen, aber sein Phone sei einfach aus gewesen. Sie hatte recht. Wieder mal sein Fehler. Er hatte versucht, sich an einen Dieb ranzuschleichen und das Phone vorher ausgeschaltet. Mit *der* Lachnummer und *dem* Sturz hatte er es sogar in die Nacht-News geschafft: Seid live dabei, wie der dumme Bulle sich in eine Knochenbrecherfalle locken lässt!

Vielleicht durfte er deshalb bei der Einheit bleiben. Er – war – Comedy.

Und nun führt ihn sein Instinkt zu der Erkenntnis, dass die Behörden in die Sache mit dem Stückel-Mord verwickelt sein müssen, wenn sie ihn direkt mit der Nase draufstoßen. Und so bewegt er sich erst mal in Richtung City-Hall. Ist sich aber nicht sicher, wo genau die liegt.

Alles zieht woanders hin, wenn du's nicht immer im Auge behältst. Er befindet sich auf der großen Drehscheibe der Stadt, und der Bogen, den jedes sich bewegende Objekt beschreibt, sollte doch der Schlüssel sein!

Er hat viel zu früh die Schule geschmissen und versteht nicht viel von Geometrie, aber der gesunde Menschenverstand, also seiner, sagt ihm, dass er einfach nur geradeaus gehen muss, wenn er mit dem Rücken zur inneren Seite eines der Bögen steht, um ins Zentrum zu gelangen.

Während er also versucht, herauszufinden, ob er diesem oder jenem Straßenbogen folgen soll, beginnt der Bewegungsmelder in seiner Uniformkappe Warnsignale direkt in sein Ohr zu senden.

Reagiert das Ding nur auf die Bewegungen des Street Cops und der Stadt, oder ist da irgendjemand hinter seinem Rücken?

Wie wird das jetzt ablaufen? Wenn er zu schnell nach seinem Schulterholster greift, riskiert er einen sofortigen Angriff von hinten, aber wer immer sich ihm auch nähert, ist schnell. Keine Wahl. Er wirft sich herum und zieht gleichzeitig seine Waffe, aber so ungeschickt, dass sie ihm aus der Hand fliegt. Ist nicht das erste Mal.

Macht aber nichts, denn es sind nur die Mauern eines alten Stadtteils, die sich an ihn drängten und ihn nun umarmen. Er mag die alten Viertel, aber es gelingt ihm nie, sie zu finden, wenn er sie sucht; sie finden ihn. Ein Labyrinth aus nebelfeuchten Straßen und krummen Gassen, schäbigen Absteigen und Stundenhotels, Striplokalen, vergammelten Imbissbuden, kippenübersäten Gehwegen …, kurzum: ein Ort, an dem Heimatgefühle aufkommen können.

Das Rumpeln der U-Bahnen unter den Straßen, der angenehme Geruch schaler Pisse in den dunklen Toreinfahrten. Straßenkatzen kreischten. Wunderschön. Vielleicht aber auch alles nur Fake, der ein Gefühl von Nostalgie hervorrufen soll. Aber er glaubt daran. All das überlebt wirklich, weil es sich unauffällig im Schatten versteckt.

Ein Barmann hat ihm mal gesagt, dass das Geheimnis darin besteht, sich aus seinen angestammten Koordinaten herauszureißen. Was angeblich genauso leicht ist, wie ein Kondom abzuziehen. Und deshalb ist sein Phone hier tot.

Dampf steigt aus Schächten, überzieht alles mit einem wabernden Grau, das nur von den flackernden Neonlichtern durchdrungen wird. TOO GOOD, TO BE TRUE, leuchtet auf einem Schild, wenn es leuchtet.

Nun geh schon an, sagt er halblaut, und der Schriftzug erscheint, wird wieder dunkel. TOO GOOD, TO BE TRUE.

Das muntert ihn auf. Bleibt in seinem Kopf. Lange her, als er noch dealte, sah er auf einem Mülleimer in einem Park die Aufschrift: *Du bist als Nächstes dran!* Das hat ihn erschreckt. Er war die meiste Zeit high damals und hatte mehr als nur Verfolgungswahn. Wer war hinter ihm her? Einer seiner Lieferanten? Ein unzufriedener Kunde? Die Stadt höchstpersönlich?

Er versteckte seinen Stoff, blieb für ein paar Tage clean und begann verstärkt auf Zeichen zu achten. Dann sah er ein Schild im Fenster eines Vermittlungsbüros für Arbeitslose: GLÜCKLICH IST DER, DER GAR NICHTS ERWARTET, DENN ER WIRD NIE ENTTÄUSCHT WERDEN. Und dankbar ging er zurück zu seinem angestammten Platz, wo er weiter dealte, alles lief wie zuvor. Aber die Zeichen behielt er im Auge.

Jetzt bestehen diese Zeichen aus kurzen Videos, die überall aufpoppen können, meistens kommen noch Aufschwatzer-Stimmen aus dem Geflimmer. Er hat das Gefühl, all das zerfrisst ihm langsam aber sicher das Gehirn, er sehnt sich nach den alten Hitparaden, den Theaterplakaten, den Zeichen der Straße, den Schildern und Anzeigen.

Richtige Worte hatten doch mehr Kraft als all das Videogeschwätz und -gezappel, zumindest hielten sie die Gedanken frisch.

Auf einer riesigen dunklen Anzeigetafel über einem breiten Kinoportal erscheint plötzlich die Ankündigung für einen alten Detective-Film: BEWARE THE WHIS-

PERING SHADOW – NIMM DICH IN ACHT VOR DEN FLÜSTERNDEN SCHATTEN.

Vor langer Zeit hat er ein Mädchen mit in den Film genommen. Sie war schnell enttäuscht, hatte was Romantisches erwartet. Aber er konnte sich nichts Romantischeres vorstellen. Er war eben noch ein Kind. Wusste nicht, was da noch alles zu tun war, außer Händchen halten. Später hat er sie auf diesen Straßen wieder getroffen, sie brachte ihm das ein oder andere bei.

Ein anderes Zeichen auf einem anderen Schild: DEAD END.

Und er achtet auf die Warnung, verlässt die Straße, geht zu einer Bar ganz in der Nähe, die er gut kennt.

Am Eingang wird er von dem fetten Rausschmeißer begrüßt, der nichts am Leib trägt außer seinem Bart, und auch der Raum, den er nun betritt, ist voller nackter Menschen.

Über dem Spiegel hinter der Bar hängt ein Schild mit der Aufschrift NICHTS IST KOMPLETT ZU VERBERGEN. Ein Zitat aus dem Polizeihandbuch. Da bezieht es sich aber auf Waffen.

Ein alter Barhocker-Jockey hebt sein Gesicht kurz aus der Bierpfütze vor ihm, schielt finster zum Street Cop und lässt ihn wissen, dass heute *Nudie-Night* ist, und dass das keine vollgepisste Bullenuniform in diesem Laden erlaubt, dann sinkt sein Kopf wieder auf die Theke. Sein schwabbeliger Arsch hat sich über den Barhocker gestülpt, als wolle er ihn einsaugen.

Der Street Cop entdeckt eine alte Freundin am anderen Ende des Tresens, direkt unter einem träge rotierenden Ventilator. Er spendiert ihr einen Drink. Sie bedankt sich bei ihm, so wie sie's eben kann. Sie präsentiert sich in keinem guten Zustand auf der *Nudie-Night*. Augenringe, schwarz gefärbtes Haar, schmutziggrau an den Wurzeln, mehrere Schichten Kinn, mehrere Schichten Bauch. Sie trägt nichts, außer ein paar billige Schmuckstücke und einen Geldbeutel, der an einem Lederband zwischen ihren schlaffen Brüsten hängt.

Als er sie nach dem Beutel fragt, erklärt sie ihm, dass jeder Gast einen umsonst bekommt, wenn er sich nackig macht, und dass es getrocknete Bullenhoden sind. Ihre sehen leer aus.

Sie hebt ihr Glas kurz in seine Richtung, kippt dann ihren Drink hinter und fragt ihn, warum er nicht mitmacht bei der Party.

Bin immer noch im Dienst. Ich soll ein Mordopfer finden. Zerbissen, zerfetzt, sagen sie.

Fein, fein, Süßer, hier bin ich, beiß rein!

Er grunzt nur friedlich, nickt dem Barmann zu, damit er ihr Glas wieder füllt.

Dachte mir, dass du vielleicht was davon gehört hast.

Nope, sagt sie und beugt sich erst mal in ihren neuen Drink. Sie zwinkert ihm zu, fummelt an dem kleinen Geldbeutel.

Aber ich hab's gesehen. Sah aber nicht aus wie zerbissen oder zerkaut. Eher ... *durchgelutscht*.

Durchgelutscht?

Irgendeinen dummen Witz will sie wohl damit machen, aber er rafft's nicht.

Wo –?

Spielt keine Rolle. Sie haben's schon weggekarrt. Du bist zu spät!

Zu spät, wieder. Und wieder. Er denkt nun doch drüber nach, sich ein Bier zu gönnen. Dazu ein Grill-Käse-Sandwich, die Spezialität des Hauses.

Scheiß doch auf diese verdammten Aasfresser-Jobs, mit denen Elektra ihn immer versorgt.

Das ist keine Stadt, in der man mal so eben klarkommt, flüstert er, macht seinen Dienstschlips locker und sich selbst und schiebt sich auf den Barhocker neben sie.

Was soll'n das jetzt? Erinnerst du dich nicht, als ich letzte Woche einem Typen, klar, verheiratet, den Schwanz geblasen habe, hinten in der letzten Reihe von dem alten Kino, nur hier den Block runter, aber mit einem Mal waren wir mitten unter der Sonne und auf der Straße, haben den ganzen Verkehr aufgehalten, ja, Rush-

»ER ENTDECKT EINE ALTE FREUNDIN ...
ER SPENDIERT IHR EINEN DRINK. SIE BEDANKT
SICH BEI IHM, SO WIE SIE'S EBEN KANN.«

hour, 'ne vielbefahrene Ecke. Und seine Frau war natürlich in einem der Autos, vor denen wir hockten und alles blockten. Und die Irre holt einen Revolver raus und pustet den Typen weg, direkt raus aus meinem Mund.

Ich glaube, dass ich zu dem Fall gerufen wurde. Wie hieß das Opfer noch mal?

Du denkst wirklich, dass ich lange genug geblieben bin, um das rauszufinden?

Dein Typ wird verlangt, sagt der Barmann mit bedeutungsvollem Augenaufschlag. Drüben in der Telefonzelle.

Es ist eine dieser alten Telefonzellen aus Holz, mit einer Glastür, die Wände sind mit Telefonnummern und versauten Kritzeleien übersät. Über einem Hocker beginnt ein Ventilator die Zelle zu belüften, ausgelöst durch die Tür, die sich schließt. Trotzdem ein Geruch wie alter feuchter Pelz, aber leicht süßlich; Lederschuhe und verschwitzte Wollsocken.

Er nimmt den Plastikhörer, der unter dem Apparat an seiner Strippe hin- und herschwingt, murmelt seinen Namen in die Muschel, dazu ein fragendes HALLO, und eine wütende Stimme antwortet sofort.

Wo verdammt nochmal waren Sie denn?

Eine Frau, aber nicht Elektra. Kein Computerprogramm.

Haben Sie wenigstens die Leiche gefunden?

Die hamse schon weggebracht, bevor ich ankam, antwortet er, wiederholt, was seine Bekannte, die Professionelle ihm eben ge-

sagt hat. Ziemlich einfach, jemanden anzu-
lügen, der aus Fleisch und Blut ist.

Und die hatte auch keine Bissspuren,
sah eher aus wie 'n bisschen durchge..., 'n
bisschen zerquetscht.

Sie sind einfach zu langsam, Officer, sagt
die Frau in der Leitung. Ich verstehe jetzt,
warum ihre täglichen Dienstberichte so be-
schissen sind. Machen Sie Ihr Phone sofort
empfangsbereit! Elektra wird sich darum
kümmern, Sie zu Ihrem Einsatzort zu bringen.

Ich hab's doch immer eingeschaltet. Ich
glaube, das funktioniert hier drinnen einfach nicht.

*Dann sieh zu, dass du da rauskommst,
verdammt nochmal!* Ein Fahrzeug wird auf
Sie warten, direkt am nächsten Sackgassen-

schild. Und beeilen Sie sich, bellt die Lady ziemlich verärgert, und dann hört er nur noch das Besetztzeichen in der Leitung.

Mal wieder schön, mit einem Menschen zu sprechen, sagt er in den toten Hörer.

Er bezahlt *old Girl* noch einen Drink – sie deutet ein Zwinkern an und kriegt kaum die Augen auf dabei und reicht ihm eine ihrer schlaffen Titten zum Abschiedskuss – und er knöpft sich wieder bis oben hin zu, schiebt den Schlips in den Arbeitsanzug, richtet seine Dienstkappe, und geht nach draußen, in die Dämmerung.

Dort ist alles noch genauso wie zuvor, auch das DEAD-END-Schild am Ende der Straße ist an seinem Platz. Er hat beinahe vergessen, wie friedlich die Dinge erscheinen, wenn sie sich nicht ständig verändern.

Ein alter Straßenkreuzer parkt direkt neben dem Schild, schaukelt auf und ab im Rhythmus seines grollenden Motors. Was für ein wunderschönes Relikt! Selbst die Radkappen sind riesig und die Scheinwerfer aus Messing. Doch kein *Driver* sitzt vorn unter dem offenen Verdeck. Die holzgetäfelte Tür des geschlossenen Fond schwingt auf. Er schreckt zurück, aber als die Sonne im Bruchteil einer Sekunde aufgeht, steigt er aufs Trittbrett und drückt seinen massigen Körper auf die plüschverzierte Rückbank, die aber mehr einem weichen Sofa ähnelt, mit Holzfüßen und Armlehnen. Die Tür knallt zu, und los geht's, sein Arsch ist so tief gelegt in dem Plüsch, dass er das Gefühl hat, er würde übers Straßenpflaster tanzen.

Sein Phone klingelt, und Elektra erscheint wieder, mit ihrem süßesten Lächeln.

Hey, sagt er, ich liebe diese alten Klassiker!

Das dachte ich mir. Habe ich für dich arrangiert.

Dachtest du dir … Wirklich? Ich meine, kannst du … *denken*?

Wichtig ist, sagt sie nach einem winzigen, sprechenden Augenblick absoluter Stille, dass wir jetzt mit deinem Auftrag vorankommen. Das Transportfahrzeug hat alle nötigen Koordinaten gespeichert. Lass dein Phone eingeschaltet. Ich werde alles verfolgen, um sicher zu sein, dass du okay bist.

Der Screen wird schwarz.

Warte –!

Mit wem laberst du denn da die ganze Zeit, Chief?, ruft jemand mit dünner Stimme, als wäre er weit weg. Scheint aus dem silbernen Trichter zu kommen, der durch die Trennwand in die leere Fahrerkabine führt.

Nur eine alte Freundin, ruft er zurück. Am Phone. Ist wieder weg jetzt.

Weiber! Sind nie da, wenn du sie brauchst. Hab' ich recht? Hinterhältig wie verdammte Terroristen.

Die Stimme aus dem Sprachrohr erinnert ihn an einen analogen Radiobroadcast von früher, knisternd und mit Echos, aus weiter Ferne.

Es ist eine wilde Fahrt, aber die Straßen der Stadt bewegen sich so gleichmäßig neben ihnen, als würde dort ein Film laufen.

Ich hatte mal eine von diesen Plastikblondinen hier drinnen, genau dort, wo du jetzt sitzt. Sie reißt sich einen Trottel auf, der wohl auch bisschen von *meinem* guten Aussehen beeindruckt war, jedenfalls macht sie den heiß, bis ihm der Saft in die Augen steigt und er blind vor Lust ist, erwürgt ihn dann mit seiner eigenen Krawatte, räumt ihm die Taschen aus, und das Größte ist, die Schlampe bezahlt nicht mal die Fahrt nach diesem Ritt! Hab' noch nie eine von diesen Terroristinnen getroffen, die nicht geldgeil war, weißte wie ich meine?

Und haben sie die geschnappt?

Geschnappt? Wen?

Sie gehen viel zu schnell in eine Kurve, und das Fahrzeug neigt sich gefährlich Richtung Straße. WHOAAA!, schreit der Cop, krallt sich in den Sitzlehnen fest. Aber sie kippen wieder zurück, und mit einigen Schwierigkeiten bringt sich das Auto wieder in Position.

Aber jetzt sag mal, was hast du überhaupt zu suchen gehabt in diesem Scheißloch?, scheppert es weiter aus dem Trichter. Da kannste dir 'n verfickten Krebs holen bei dem Abschaum oder sonst was. Nur Abzocker da unten, Zuhälter, Killer, sexbesessene Freaks, such dir was aus.

Bin einer Spur gefolgt, schreit er, krallt sich immer noch fest. Die Gebäude sind nun höher, die Straßen enger, alles drängt sich um sie zusammen. Das Zentrum kommt näher. Soll er es riskieren und einfach rausspringen?

Guck dir diese gottverdammten Häuser an! Die haben das verdammte Flattern, als hätten sie fickende Ameisen in ihren Unterhosen, und man weiß nie, wann die sich mal richtig schütteln und auf und davon machen und alles mitreißen, die armen Schweine drinnen, die armen Schweine draußen. Hätte ich nicht verdammt aufgepasst, eins dieser Riesendinger hätte mich letzte Woche einfach plattgemacht! Ihr verfickten Betonschwänze seid nicht hart genug, hört ihr mich! Du musst den Scheiß-Häusern zeigen, wer der Boss ist.

Eine Frau auf der Straße, direkt vor ihnen. Sie hat eine Hand gehoben, als wolle sie ein Taxi ranwinken, aber als sie sieht, wie der alte Straßenkreuzer auf sie zugedonnert kommt, springt sie zurück auf den Bordstein. Der Street Cop schreit noch ein ACHTUNG in den Trichter, aber das Fahrzeug schert aus und nimmt den Bordstein mit –

und er spürt den Körper der Frau direkt unter seinem Arsch, als sie über sie fahren.

Ich habe diese Bordsteinschwalbe schon mal gesehen, lacht die Stimme, als das Auto wieder auf die Straße biegt. Ein verdammtes Killer-Weib, ich verarsch dich nicht.

Er ist ein Cop. Er sollte jetzt jemanden verhaften oder meinetwegen erschießen. Aber wen oder was? Das Sprachrohr? Und mit was überhaupt – seine Knarre ist verschwunden! Er muss vergessen haben, sie wieder aufzuheben, als sie ihm runtergefallen ist.

Das erste Mal, als ich die Bitch gesehen hab, sagt das Sprachrohr, war ich noch neuester heißer Scheiß, eine Kutsche ohne Pferde, *you know*? Meine Farbe war noch nicht mal getrocknet und ich hatte 'ne breite Brust. Und da steht sie und hat die Hand

oben, und ich hab sie ganz frech ange-
hupt, als ich an ihr vorbeigelümmelt bin,
ohne anzuhalten. Sie muss ziemlich ange-
pisst gewesen sein. Denn egal wo ich unterwegs war in der Stadt, immer stand sie da,
die Hand oben, wie ein Kind, das bettelt,
komm, bitte, noch ein Mal! Gruslig, kann ich
dir sagen. Aber irgendwann hab ich dann
nachgegeben und für sie angehalten. Und
wie dankt sie mir das, mit einem Tritt in
mein Hinterteil, hat mir den Schalldämpfer am Auspuff kaputt getreten. Und solche
Schalldämpfer werden schon lange nicht
mehr hergestellt, und ich habe ganz schön
zu tun, über die Runden zu kommen, ohne
das Teil. Und plötzlich, wie Lackfarbe, die
du nicht abkriegst, ist sie wieder da, Holy
Shit!

Mit einem knirschenden Geräusch lenkt
das Auto plötzlich ein und er wird hin und

her geschleudert, als sie in eine Gasse rattern.

Hey! Warte einen Augenblick! Wohin fahren wir?

Du suchst doch 'ne Leiche. Und ich wurde dort hingeschickt, wo eine ist. Ich bring dich hin.

Das Auto rumpelt wieder aus der Gasse raus und hält bebend vor einem dunklen U-Bahn-Schacht. Die Tür schwingt auf.

Es ist da unten, ruft das Sprachrohr.

Er will nur noch weg hier, der alte Schrotthaufen ist vollkommen verrückt geworden, aber er ist nur selten in den Underground gegangen, seit er der Truppe beigetreten ist, und unbewaffnet wird er sich nicht da runter wagen, so viel ist sicher.

Als er noch obdachlos war, waren U-Bahn-stationen gute Orte, um sich zu verkriechen, warm und trocken genug, um ein paar kleine Deals zu machen. Jetzt sind die meisten aufgegeben, überflüssig geworden durch die Personenbeförderungs-Updates. Übel riechend und gefährlich. Und unter die in Stein gemeißelten Willkommensworte auf dem Eingangsportal *An-alle-die-ihr-hier-eintretet*, hat jemand einen anderen Gruß geschmiert: COME ON DOWN, CAZZI FO-TUTI, ABER RESPEKT FÜR NIENTE.

Keine Ahnung, wer dieser Cazzi Fotuti sein soll. Vielleicht einer von den windigen Typen, die sich in den Schatten der Toreinfahrten herumdrücken, die Hände in den Taschen. Er hat die Lizenz, sie alle umzulegen, wenn sie ihm Probleme machen, aber dafür braucht er eine Waffe. Wäre es nicht

Elektra gewesen, die ihn hierhergeschickt hatte, wäre er sicher, dass ihm jemand eine Falle stellen wollte.

Dann überkommt ihn eine andere Ahnung, sicher nicht treffender als die zuvor, aber alles ist besser als dieses dunkle Loch da im Boden. Er erinnert sich an seinen letzten Besuch im Zentrum, als er an einem Tierladen vorbeikam, der auf lebende Tote spezialisiert war.

NIMM DIR DEINEN MIT NACH HAUSE, forderte ein großes Schild im Schaufenster auf.

SURPRISE YOUR FRIENDS!

Damals fasste er das als einen Joke auf, der gegen die City-Hall gerichtet war, die ja ganz in der Nähe lag. Aber jetzt passt das irgendwie genau zu dem zerkauten Körper, den seine alte Freundin gesehen hat. Die lebenden Toten, so heißt es, wären verrückt nach menschlichem Fleisch, hätten aber nur wenige festsitzende Zähne übrig, um richtig zuzulangen. Er schaltet sein Phone aus.

Ich habe eben erfahren, dass die Leiche woanders ist, ruft er in das Sprachrohr. Sie wollen, dass ich die Living-Dead-Zoohandlung bei der City-Hall checke.

Nee. Mir wurde befohlen, dich hier rauszuschmeißen. Was anderes wird sicher nicht –

Wenn du nicht willst, dass ich dir den Stecker ziehe, der Street Cop wird laut und packt das silberne Sprachrohr mit beiden Fäusten, dann bring mich dahin – sofort!

Autsch! Ich hör dich doch, Boss! Du erwürgst mich noch. Gib mir 'ne Sekunde, verdammich, um rauszufinden, wo das genau ist.

Mach dir keine Mühe, ich geh zu Fuß. Er schwingt seine Beine zur Tür raus, achtet nicht auf das Piepen des Alarms in seinen Schuhen.

Na verdammt nochmal, da seh' ich doch deine Zoohandlung, knistert und scheppert das Sprachrohr, gibt dann einen Klingelton von sich. Halt deine Eier fest!

Er hat gerade mal seine Beine komplett aus der Tür gewuchtet, als die Karre plötzlich abhebt und seinen dicken Arsch ruckartig neben seine Füße schwingt, die ihm nun auch noch bestätigen, dass sie ihn ja gewarnt hätten.

Er umklammert eins der hölzernen Sofabeine des Rücksitzes, baumelt neben dem Auto, schwingt hin und her, Vögel fliegen zwischen seinen strampelnden Beinen hindurch, als der alte Straßenkreuzer immer höher zu den Apartment-Blocks und Hochhäusern steigt.

Hey! Fang mal ein, wie sich das da unten alles breit macht, Wahnsinnsaussicht, kreischt das Sprachrohr direkt über seinem Kopf. Da wirste irre, was?

Der Street Cop schaut über seine Schulter auf die Stadt, die sich von Horizont zu Horizont erstreckt, der Verkehr schwärmt durch die immer kleiner werdenden Straßen wie eine Insektenplage. Wenn die Stadt, die er wie durch einen Zoom beobachtet, irgendwo irgendwelche Grenzen hätte, dann müsste er die doch sehen können, und er sieht alles andere dort unten, in schwindelerregenden Details.

Irgendjemand hat ihm mal etwas gezeigt, das er ein *Motherboard* nannte. Er hatte keine Ahnung, was genau das nun

war, aber er weiß jetzt, dass das genauso aussah wie die große Fläche unter ihm.

Das Auto bricht durch die Wolken: Irgendwo hier oben, *somewhere over the rainbow*, arbeitet Elektra. Wenn es ihm gelingt, sein Phone wieder einzuschalten, kann sie ihn vielleicht retten. Er klammert sich mit einer Hand an den Sofastandfuß des Rücksitzes, fischt mit der anderen Hand nach seinem Phone. Ein Jet brüllt auf, irgendwo unter ihm. Aber er konzentriert sich ganz auf seine Finger ... Uuups, da fällt es. Und fällt.

Und das fliegende Auto beginnt mit dem Landeanflug. Verdammt schnell, verdammt plötzlich! Immer runter durch die Wolken, die Gebäude und Straßen rasen auf ihn zu – vollkommen verzweifelt gelingt es ihm, seinen Arsch irgendwie in die Passagierkabine zu bringen, kurz bevor die Karre mit einem Splittern und Krachen auf dem Parkplatz eines Shopping-Centers landet.

Da sind wir, meldet sich das Sprachrohr.

Als er aus dem Auto schwankt, bricht das Trittbrett, und wieder mal legt er sich hin.

Scheint sein Ding zu sein.

Und auch das Sprachrohr wirkt nun vollkommen fertig, bringt nur noch ein Keuchen hervor, das wohl ein Lachen sein sollte, dann holpert die alte Karre auf ihren kaputten Reifen einfach davon.

Immerhin ist er jetzt an dem Ort, zu dem er wollte. Ein Ghoul hockt in der Auslage im Schaufenster der Zoohandlung, kaut auf irgendwas Blutigem rum. Schwer zu sagen, ob Männlein oder Weiblein, zwischen den Beinen der Kreatur ist alles verfault. So wie auch der restliche Körper. Er ist an Verstümmelungen der übelsten Art gewöhnt, bringt der Job mit sich, doch das Ding da ist absolut grotesk. Hat irgendwie sein Innerstes nach außen gestülpt. Blicke aus funkelnden Augen durchbohren den Street Cop, aber der ist sich nicht mal sicher, ob das ein Kopf ist, aus dem die Blicke zu ihm dringen. Ist eher die Magengegend. Und dann sieht er auch schon das Schild im Schaufenster: ZWEITE WAHL. HALBER PREIS.

Er legt eine Hand auf seinen Schlagstock und schiebt sich durch die Ladentür nach drinnen. Das Licht ist trübe, das Glockenspiel über der Tür klingt eher wie der Gong einer großen Kirchenglocke, aber was seine Sinne sofort anfällt, ist der ekelerregende Geruch nach verwesendem Fleisch. War vielleicht doch keine so gute Idee, reinzugehen.

Auf einem gerahmten Schild an der Wand liest er: FÜR DEINE FREUNDE, DIE GLAUBEN, DASS SIE SCHON ALLES HABEN! Auf dem Boden der Zoohandlung stehen hohe, schmale Käfige, dicht an dicht, von Wand zu Wand. Oben sind sie offen wie Laufställchen für Kinder, aber in den Käfigen sitzen Ghouls. Die Gitterstäbe sind gar nicht mal so eng, die Kreaturen können Hände und Füße rausstrecken, aber nicht ihre Köpfe, um die Kunden, die lebende Tote kaufen wollen, zu beißen. Das Fütterungsfleisch und die Innereien, in denen sie sich wälzen, scheinen frisch zu sein, im Gegensatz zu ihren eigenen faulenden Körperteilen.

Der Besitzer des Ladens ist mit einem Kunden beschäftigt, dem er zu erklären versucht, dass *diese* Haustiere alle wieder auferstanden sind und deswegen mit Menschenfleisch und Gehirnen gefüttert werden müssen, und die Ghouls knurren und zerbeißen gierig Knochen und Fleisch. Keiner weiß genau, was diese zerebrale Wiederauferstehung verursacht hat, sie bewegen sich wie in Zeitlupe, und obwohl ihre Gehirne (sehr limitiert) arbeiten, versagen die Körper den Dienst, und sie verständigen sich mit Grunzen, können auch ihre Hände zu nichts benutzen außer zum Essenfassen.

Aber sie können lernen, behauptet der Ladenbesitzer. Und genau das ist der Witz an der Sache. Du kannst ihnen sogar einige Worte beibringen, so dass du schon nach ein paar Übungsstunden mit ihnen reden kannst! Ja, natürlich haben die jetzt nicht so viel zu erzählen, denn die meiste Zeit sind sie einfach nur hungrig, aber unsere Kunden bestätigen, dass eben genau das sie

»DER BESITZER DES LADENS IST
MIT EINEM KUNDEN BESCHÄFTIGT...«

so besonders macht, also im Vergleich zu anderen Haustieren.

Kann man die denn auch mit Hamburgern füttern, fragt der potenzielle Käufer.

Sicher. So lange es *menschliche* Burger sind. Diese hirnlosen Wiedergeborenen kannst du auf jede mögliche Art verarschen, aber wenn's um ihren Appetit geht, kennen die nix, das ist Urinstinkt, da sind diese Intelligenzbestien echt dickköpfig. Auf Hirn fahren die am meisten ab, roh, aber eigentlich sind sie nicht besonders wählerisch, Hauptsache Mensch.

Hinterm Rücken des Ladenbesitzers schiebt eins der Haustiere seinen Arm in den Nachbarkäfig und sieht teilnahmslos zu, wie die Kreatur dort seinen Arm einfach abbeißt und dann mit lautem Schmatzen zu fressen beginnt. Und das angefressene Haustier begutachtet seinen Armstummel, als würde es zu verstehen versuchen, was genau da gerade mit seinem Arm passiert ist.

Ja, die stinken ganz schön, bestätigt der Ladenbesitzer, aber ich würde es exotisch nennen, eigentlich harmlos. Nur ein Biss kann eventuell ein bisschen infektiös wirken. Also schon ... übel. Aber genau deswegen ziehen wir ihnen alle Zähne, wenn wir sie denn finden. Nein, keine Sorge, die spüren das gar nicht. Das ist, als würde man bei 'nem Hund den Schwanz kupieren. Und selbst ohne Zähne haben die meisten von denen den Kiefer von 'nem Pitbull, wie man ja hier auch sieht, aber deswegen bieten wir Ihnen auch spezielle Schutzjacken und superstabile Handschuhe an, für die Fütterung *und* für die Schmusezeit. Sooooo, und welchen von unseren Süßen möchten Sie nun mitnehmen, den Käfig gibt's gratis dazu.

Ich weiß nicht so richtig. Menschenfleisch kriegt man ja nicht so einfach. Supermärkte führen das doch gar nicht.

Auch da können wir helfen! Wir beziehen unsere Lieferungen direkt aus der City – also Sie verstehen schon, Verkehrstote, häusliche Gewalt, Gangkriminalität, Schießereien, Messer, die Hinrichtung der Woche – da fehlt's nie an frischen, nicht registrierten Kadavern. Wir bieten also eine Recycling-Option an, die der Stadt die Müllentsorgung erspart, und im Gegenzug gewährt uns die Stadt einen Discount, den wir direkt an unsere Kunden weitergeben. Und egal, mit was Sie Ihr Haustier jetzt füttern, das geht eh nicht durch die Verdauung, das wird nur im Mund püriert. Ok, das ist schon hin und wieder eine blutige Angelegenheit auf dem Fliesenboden, ABER: Sie brauchen kein Katzenklo und keine Häufchenbeutel. Auch das ein großer Vorteil gegenüber anderen Haustieren.

Der Kunde nickt nachdenklich. Der Cop räuspert sich.

Schauen Sie sich einfach noch ein bisschen um, sagt der Ladenbesitzer, während ich unseren Officer hier verarzte.

Der Street Cop wird fast ohnmächtig in dem Gestank, weshalb er gleich zur Sache kommt und fragt, ob eins dieser Haustiere schon mal abhauen konnte aus dem Laden.

Ich ermittle in einem Mordfall.

Die sind alle durch ihre bestätigte Ruhe- beziehungsweise Totenzeit noch sehr ge- schwächt. Sagt der Ladenbesitzer.

Nur eine Einzige hatte mal genug Power, um nach ihrer Wiederauferstehung sowas wie eine Flucht hinzukriegen. Und sie hat es nur bis raus vor diese Tür geschafft, wo sie von einem Truck erwischt wurde. Viel- leicht wollte sie nur fressen, aber ich den- ke, dass sie Schluss machen wollte. Hat aber nicht funktioniert. Arme Elektra. Nun hockt sie zerfetzt im Schaufenster.

Elektra?

So nennen wir sie. Du weißt schon, so wie diese Digitalstimme, die du überall hörst, auf jedem Gerät, jedem Phone – klingt leben- dig, is sie aber nicht. Und unsterblich auch nicht, auch wenn man's denken könnte. Also auch irgendwie *living dead*. Elektra ist ja die persönliche Assistentin von beinahe jedem, und das arme Ding da im Schaufenster kann niemandem mehr irgendwie helfen, und niemand kann ihr helfen, sie zeigt uns nur den Horror der Unsterblichkeit. Aber irgendwie sind die beiden Elektras doch Geschwister, und nur deswegen heißt *unsere* jetzt so. Familie. Ein Haustier gefällig, Officer?

Nein, mich macht das alles hier krank, sagt er. Die sind noch beschissener dran im Leben als ich.

Naja, genau genommen ist es ein *Afterlife*.

Trotzdem schlimm. Nachdem sie sich mit der ganzen Scheiße im Leben rumgeschlagen haben, wachen sie auf, und finden sich hier wieder.

Dem Street Cop geht's nicht gut. Vielleicht ist ihm aber auch nur übel, der Gestank, you know.

Mach dir doch keine Gedanken! Sie machen sich auch keine. Denken ist nicht so ihr's. Das Einzige, was sie wissen, ist, dass sie nicht wieder tot sein wollen. Hörst du nicht, wie hektisch und getrieben sie kauen? Wie heftig und gierig sie atmen? Vielleicht sind sie lebendiger als wir, obwohl ihre Gehirne hinüber sind. Oder vielleicht genau deswegen.

Der Shop Owner blinzelt zum Cop, wendet sich dann aber wieder zu dem Kunden. HEEYYY! Denn der Kunde versucht sich gerade aus dem Shop zu schleichen. Er hat es tatsächlich irgendwie geschafft, bei seiner Begutachtung einem der Haustiere den Kopf von den Schultern zu schlagen, und als wenn das nicht genug wäre, ist auch noch ein Arm der armen Kreatur abgefallen.

Das hat versucht, mich zu beißen!, versucht der Kunde sich rauszureden, als der Shop Owner ihn an der Schulter packt. Aber das Zombietier ist schon leblos in seinem versifften Käfig zusammengesunken.

Aber ich hab's doch kaum berührt!

Es wollte nur Zuneigung! Wie oft habe ich gesagt: NICHT IN DEN KÄFIG FASSEN! Wegen Ihnen ist es nun zum zweiten Mal gestorben.

Der Ladenbesitzer greift in die Innentasche seines Jacketts, holt ein Formular heraus.

Leider kann ich Sie nicht wegen unmenschlicher Grausamkeit verklagen, aber die City kann's, es sei denn Sie bezahlen für die nun verdorbene Ware.

Der Kunde wird bleich, als er die Rechnung sieht.

So viel Geld kann ich doch nie im Leben ...

OK, dann nehmen wir, was du dabei hast. Oder wir gehen den Amtsweg, und da geht's dann um mehr als Geld. Anklage Mord.

Der Kunde zögert, blickt zum Street Cop, von dem aber nichts kommt, so dass der Kunde seine ganze Kohle rausholt, sie dem Shop Owner gibt und dann wutstampfend den Laden verlässt. Die Tür knallt zu. Und da scheint das beschädigte Zombie-Tier wieder zu sich zu kommen, tastet nach seinem Kopf und seinem Arm. Der Ladenbesitzer kickt die fehlenden Teile in die Mitte des Käfigs, und der Ghoul steckt sie sich wieder an seine Hals- und Armstümpfe, versucht blinzelnd seine Augen wiederzufinden.

Der Shop Owner zerteilt ein Futtergehirn, wirft eins der Teile zu dem wiedergenesenen Ghoul, der sich im erhebenden Gebrüll der lebenden Toten feiern lässt, während er frisst.

Good Boy, sagt der Ladenbesitzer.

Du führst die übelste Abzocker-Bude, die ich je gesehen habe, sagt der Cop.

Der Ladenbesitzer zuckt mit den Schultern.

Ist der einzige Weg, bisschen Kohle zu machen. Denn um ehrlich zu sein, das Viehzeug läuft nicht wirklich, und ich bleib drauf sitzen und weiß nicht, wohin damit. Der Unterhalt ist verdammt teuer. Die Stadt kontrolliert das Angebot von Fleisch und Hirn, also menschlichem natürlich. Kostet mich ein Vermögen, den Laden am Laufen zu halten. Wenn Sie an einem der

Viecher interessiert sind, mach ich Ihnen ein Angebot, dass Sie nicht abschlagen können. Also unsere Elektra zum Beispiel. Die läuft eh schon zum halben Preis, aber für dich geh ich nochmal richtig runter. *You understand?* Bin mir aber nicht sicher, ob sie wirklich keinen Zahn mehr in ihrem Maul hat. Weil ja keiner von uns überhaupt weiß, wo ihr Mund genau ist. Ich gebe zu, sie ist sicher nicht die beste Anschaffung, aber Sie können mit ihr machen, was Sie wollen, sie durchprügeln, foltern, sie wird immer wieder aufstehen.

Kalt mustert der Street Cop den Shop Owner, fragt sich, ob er diesen *Son-of-a-bitch* sofort verhaften soll, oder ihn zu einem blutigen Fleischhaufen zusammenknüppeln ... Aber all das würde wahrscheinlich nach hinten losgehen. Denn der Shop Owner spielt im

Konzert der Großen, steht gut mit der City, wird vielleicht sogar von ihr beauftragt. Ist möglich, dass der Shop zur kommunalen Fleischbeschaffung gehört und der Ladenbesitzer nur ein Fake ist, der für die Stadtverwaltung arbeitet.

Seine Schuhe erinnern den Cop daran, dass er Feierabend hat. Zeit, seinen Arsch nach Hause zu bewegen.

Warte, ruft der Ladenbesitzer, weißt du was, du bekommst sie gratis, kannst sie direkt mitnehmen. Ich muss mein … Warenangebot etwas … reduzieren. Und wenn du sie nicht nimmst, muss ich sie wegmachen.

Wegmachen?

Nun ja, diese Viecher sind schwerer zu beseitigen als Fußpilz. Aber ein paar Möglichkeiten gibt's doch: eine Kugel ins Gehirn zum Beispiel, wenn du rausfindest, wo das bei ihr sitzt, oder aber du nimmst sie als Snack für die anderen. Kannst auch versuchen, sie anzuzünden und komplett runterbrennen lassen, musst aber aufpassen, dass sie dir dabei nicht ausbüxt und das ganze Viertel Feuer fängt. Komplettzerlegung sollte auch funktionieren, aber schwer zu sagen, was in so einem Fall *komplett* ist. Man hätte ja denken können, dass der LKW, der sie halb pulverisiert hat, ausgereicht hat, aber nein, sie ist immer noch unter uns.

Aber das Beste ist, wir finden einen sympathischen Haustierliebhaber wie Sie!

Der Ladenbesitzer nimmt eine Art Hakenstange und angelt Elektra damit aus dem Schaufenster, steckt sie in einen der engen

Käfige, der dann von einem Gabelstapler raus auf die Straße transportiert wird.

War nett, mit Ihnen Geschäfte zu machen, sagt der Ladenbesitzer und begleitet den Street Cop nach draußen. Der Street Cop kann sich an kein Geschäft erinnern. Er geht zum Käfig, gibt ihm einen Tritt, dass er umfällt und der Ghoul auf den Gehweg rollt. Er hat erwartet, dass der Shop Owner Panik bekommt, wenn eins seiner berüchtigten Haustiere frei auf die Straße kommt, aber die einzige Reaktion ist ein Lächeln, während er seinen Laden abschließt.

Ihre Lady, Officer, sagt er, *good luck*!

Und dieser Lady-Ghoul ist wirklich eine erbärmliche Kreatur. Sie hockt, nein klebt regelrecht auf der Straße, jeder macht einen großen Bogen um diesen unbeschreiblichen

Pudding aus Fleisch und Organen, die Augen befinden sich irgendwo in der Mitte des ganzen Mischmasch.

Sie hat 'ne Menge durchgemacht, mehr, als er sich vorstellen kann, und wird mit Sicherheit nicht mehr zurück in den Käfig gehen. Außerdem bräuchte er dafür Spezialhandschuhe. Soll ihr alter Besitzer sich drum kümmern. Er macht, dass er wegkommt, denkt nur noch an sein Feierabendbier, das er sich zu leichtfertig schon vor Stunden versprochen hat, aber der Ghoul in seinem entsetzlichen Zustand verfolgt ihn wie ein böser Geist. Er sieht seinen eigenen Verfall, der auf ihn wartet, der auf jeden wartet. Das Vergangene ist tot, es ist einfach vergangen. Kaum etwas hat überdauert, nur diese armen Zombies. Die Zukunft endet nicht nur in einer Katastrophe, die Katastrophe *ist* die Zukunft, und das Hier und Jetzt, das irgendwo dazwischen sein soll, hat wahrscheinlich nie existiert. Zeit. Eine effiziente Terroristin auf ihrem Weg durch die Stadt.

Als er sich umdreht, ist Elektra immer noch da. Ein sekretbedeckter Haufen auf dem Bürgersteig, aus dem ihn traurige Augen anblicken, in denen Tränen zu glitzern scheinen.

Als sie mitbekommt, dass er sich zu ihr umdreht, tappt sie ein paar Schritte zurück, dann noch ein paar, schwingt ihre Hüften, wenn es denn Hüften sind. Und wieder tänzelt sie ein paar Schritte zurück. Irgendwas will sie ihm wohl klarmachen. Aber was? Will sie, dass er ihr folgt? Was keine gute Idee wäre, denn sicher hat sie eine Menge hungriger Freunde ganz in der Nähe. Aber er ist ein Street Cop und damit ein *echter* Schnüffler, und bei den Abgefuckten und den Verlierern wird er weich. Er macht kehrt, die Hand auf dem Schlagstock, immer in sicherer Distanz zu Zombie-Elektra, die sich langsam die Straße runterbewegt und sich ab und an umdreht, um zu sehen, ob er ihr immer noch folgt.

Und dann erkennt er, wo sie ihn hinführt: die Bar vom Morgen, wo der Tote lag. Und er ist sich absolut sicher, dass dort wieder ein Toter liegen wird, genau derselbe wie zu Beginn des Tages. Elektra hat ihn hierhergeführt, so wie die andere Elektra es getan hätte. Und nun versucht sie, ihm etwas mitzuteilen, grunzt mühsam, während sie sich der Leiche nähert.

UHHH. Schwer zu sagen, woher die Laute kommen. Aus der Bauchnabelgegend, nimmt er an, obwohl da ja auch ihre Augen sind. Und wieder grunzt sie, diesmal ist es eher ein Stöhnen. Und plötzlich öffnen sich die Augen des ermordeten Mannes, und der Cop springt erschrocken zurück. UUHHHSS, jammert Elektra. Auch er ist ein Ghoul! Die Stadt muss ihre Gründe haben, dass es genau hier passiert. Ein Köder? Aber für welche Bestie? Zur Fleischbeschaffung für das Schwarzmarktnetzwerk, das von der Stadt kontrolliert wird?

Gammler, wie der Verdächtige von heute Morgen, sind ja immer verfügbar, werden wie Wegwerfartikel in Polizei-Vans geschmissen, wahrscheinlich hat der arme Kerl die Fahrt nicht überlebt. Der Street Cop war einst wie er: obdachlos, weggeworfen, auch er wäre diesem Köder vor der Bar auf den Leim gegangen. Mord. Und der (lebende) Tote war nicht das eigentliche Opfer. All das macht ihn wütend, aber wer soll sich dafür interessieren? Niemand. Er ist auf sich allein gestellt.

Und wieder das Kreischen der Sirenen, das er so gut kennt. Die Tür eines Polizei-Vans schwingt auf, wieder zwei Robots, wahrscheinlich genau dieselben, aber diesmal stellt er sich ihnen in den Weg. Sie schieben sich an ihm vorbei, sind drauf programmiert, Uniformierte wie den Street Cop einfach zu ignorieren. Stattdessen ist nun Elektra ihr Ziel, die immer noch neben dem Körper hockt. Was sehen die Robots durch ihre Robot-Augen?

Ein ganz gewöhnliches Ziel? Nicht größer als ein Kind, aber so glitschig, dass es kaum zu greifen ist, und viel Körperwärme, um es als lebend zu identifizieren, strahlt es auch nicht aus. Der Street Cop kann nur seinen Schlagstock als Waffe nutzen, aber er legt sein ganzes Körpergewicht in den Schlag und spekuliert darauf, dass die Robot-Designer die Kontrolleinheiten in den Köpfen der Robots platziert haben. Und er drischt ihnen die Plastikschädel von den Schultern.

WHAM! POW! Gutes Gefühl.

Aber sogar kopflos funktionieren sie weiter, und nun hat er ihre volle Aufmerksamkeit. Er hat sich wohl in den Robot-Designern getäuscht, die Köpfe und die Augen der beiden sind nur noch Plastikmüll, aber ihre eigentlichen Bewegungssensoren leider nicht.

Aber irgendeine Ahnung sagt ihm, dass er nun ihre Ärsche anvisieren soll, und er drischt wieder wie ein Irrer auf sie ein, reißt ihnen mit seinem Knüppel die Hinterteile auf, rammt seinen Schlagstock direkt in sie hinein, zerstört jeden elektronischen Scheiß, der sich dort in ihnen befindet. Und diesmal lag er wohl richtig. Denn die kopflosen Cops stolpern nur noch herum in mechanischer Verwirrung, sind genauso ziellos, wie er in seiner ganzen Schicht gewesen ist, und aus ihren lädierten Ärschen hängt der Draht, und sie kacken zerstörte Halbleiter und Elektrochips aus.

Er braucht eine Pause, um wieder zu Atem zu kommen, registriert, dass der untote Köder verschwunden ist. Geht ihn nichts an, soll er abhauen. Er wirft einen Blick auf Elektra. Der kleine Ghoul rollt wie irre mit den Augen, was will sie denn jetzt …? Oh no!, Robot Nummer drei! Der selbstfahrenden Van! Der Street Cop wirbelt herum, aber das Fahrzeug hat ihn schon im Visier, rollt direkt auf ihn zu. Als er sich schon auf den Aufprall vorbereitet, wirft sich Elektra zwischen sie – es scheint dem Street Cop, er würde sie zum Abschied seufzen hören IIIIEBE IIICH! – dann kommt sie direkt unter die Räder. Er duckt sich zusammen, hört den heftigen Crash, irgendwas trifft ihn feucht im Gesicht, dann ein Kreischen von Metall, als der Van sich überschlägt, über den Street Cop hinweg, und auf dem Dach liegen bleibt.

Auch seine Schulter hat was abgekriegt und sein Schlagstock ist weg, aber es gelingt ihm, wieder auf die Füße zu kommen. Nur weg von dem Van, der Feuer gefangen hat, während seine Räder sich immer noch wie rasend drehen. Erinnert ihn an einen überfahrenen Hund, den er irgendwann mal auf einer Straße gefunden hat, das gebrochene Rückgrat auf dem Asphalt, die noch

»DIE KOPFLOSEN COPS STOLPERN NUR NOCH HERUM IN MECHANISCHER VERWIRRUNG, SIND GENAUSO ZIELLOS, WIE ER.«

(Der Street C... Kann nur seinen Schlagstock als Waffe nutzen)

zuckenden Pfoten nach oben gestreckt, in der Hoffnung, irgendwie den Fußweg zu erreichen. Der Street Cop konnte nichts weiter für ihn tun, als ihn zu erschießen. Wochenlang hatte er Albträume.

Von Elektra sind nur noch einige Spritzer übrig, auf der Straße, am Van, auf ihm. Als würden sie wieder Verbindung aufbauen, beginnen die einzelnen Teile zu zucken, aber als der Straßenverkehr über sie hinwegrollt, hören sie auf, sich zu bewegen. Auf seiner Wange fühlt sich das so an wie ein trockener, aber liebevoller Kuss. So wie seine Großmutter ihn auf dem Sterbebett geküsst hat, als er sich über sie beugte. Als sie beide losließen.

Über dem dichten Straßenverkehr taucht eine Überwachungsdrohne auf. Die Robots haben sicher ihre eigene Zerstörung aufgezeichnet und übertragen, und der Street Cop steht jetzt auf der Fahndungsliste. Andere Drohnen werden bald aus allen Richtungen eintreffen, bewaffnet und programmiert auf den großen Kill. Er kann jetzt schon die Lautsprecherstimmen hören, die durch das Heulen der Sirenen Befehle an die Bodentruppen brüllen. Er weiß, dass er keine Chance hat. Er ist schon lange nicht mehr der aufmüpfige Junge, der vor den Bullen auf der Flucht war, und die hatten noch nicht die technischen Jagdspielereien, die sie heute haben, aber er hat sich trotzdem aufgerafft, ist in eine Seitengasse gehumpelt. Und dort nimmt er langsam Fahrt auf, bewegt sich in Gebäude hinein, kommt an anderen Orten wieder heraus, umklammert seinen lädierten Arm und keucht und schnaubt wie ein Rennpferd. Er ist nicht bereit aufzugeben, und einen Versuch ist es wert. Und der langsam trocknende Rest von Elektra auf seiner Wange sagt ihm genau dasselbe.

Er kennt seine Stadt, selbst in ihren unaufhörlichen Veränderungen, kennt sie viel besser als seine Verfolger, er gibt nun den Takt vor, aber er muss schnell sein, aus den Gebäuden flitzen, sobald er hineingestürmt ist, denn die Bullen, Tür-eintretend und Scheiben-zerschlagend, sind direkt hinter ihm. Und sobald er zurück auf der Straße ist, entdecken ihn die Drohnen, stürzen sich auf ihn, krachen auf den Gehweg direkt neben ihm, links-links-rechts, und wieder stürzt er in ein Gebäude hinein, immer ein paar Schritte vor den Bullen, und dann wieder raus. *And once again.* Er trägt immer noch seine Uniform, und nur deswegen halten Autos an, machen ihm die Menschen Platz. Sie filmen ihn sogar mit ihren Phones, wenn er an ihnen vorbeirennt.

Hol sie dir, big boy, feuern sie ihn an, schlagen mit den Fäusten in die Luft und lachen. Er wählt immer engere Gassen und Straßen, um es für die Drohnen schwieriger zu machen, für die Bullen auch. Er schlängelt sich durch den dichten Verkehr und nimmt alle Abkürzungen, die er noch finden kann, aber er kann sie einfach nicht abschütteln. Sirenen heulen, Bremsen und Reifen quietschen, Schüsse knallen.

Das ist nicht fair, denkt er, die Drohnen haben Laser-Zielsysteme, die Bullen sind jung und fit oder Robots. Und bei denen halten die Batterien ewig. Jahre, heißt es. Sie werden ihn kriegen. Er sollte aufgeben, aber er kann's einfach nicht.

Plötzlich erscheint die City-Hall vor ihm, riesenhaft. Sieht anders aus als in seiner Erinnerung, irgendwie glänzend, wie mit Nagellack überzogen, ein Palast, aber egal wie und was, es ist ein Schwerverbrechen, mit einer Waffe da reinzugehen, und vielleicht ist das seine Chance. Denn er ist unbewaffnet, aber seine Verfolger nicht.

Killerdrohnen scheuchen ihn die breite Promenadentreppe hoch, sind dicht an seinem Arsch dran, aber irgendwie schafft er's, bis zu der großen Flügeltür zu kommen. Er

»PLÖTZ-LICH ...«

»ERSCHEINT DIE CITY-HALL VOR IHM.«

»KILLERDROHNEN SCHEUCHEN IHN ...«

ist vollkommen durch, stolpert rein und knallt mit dem Rücken gegen die Türflügel, die sich wieder schließen, er ringt nach Luft, drückt sich an die Tür und umklammert seinen schmerzenden Ellenbogen.

Verrückt, aber keiner weiter da, der Street Cop ist allein in der *Hall*. Nicht mal ein Hausmeister oder Reinigungspersonal.

Ist das Glück?, denkt er, endlich eine kleine Pause. Er geht ein paar Schritte, aber sofort beginnt der Boden sich zu bewegen, Kronleuchter schwanken, Tische und Stüh-

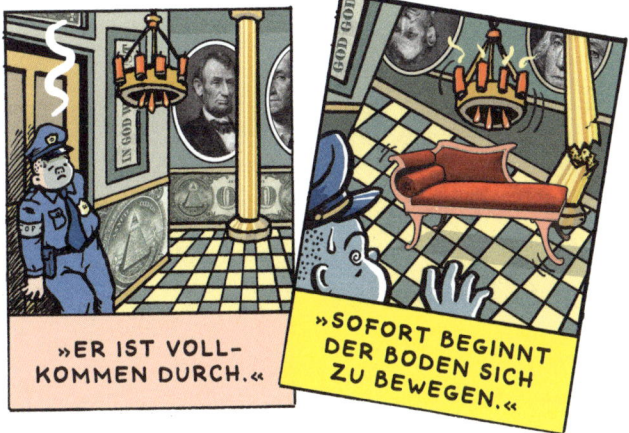

»ER IST VOLL-KOMMEN DURCH.«

»SOFORT BEGINNT DER BODEN SICH ZU BEWEGEN.«

len rutschen unkontrolliert über den Marmorboden. Und das Gebäude knarrt und ächzt, als würde es gleich einstürzen. Und genau das wird passieren, ist sich der Street Cop plötzlich sicher. Schnell raus hier! Aber als er zurück zur großen Flügeltür stürmt, ist die komplett blockiert von einem Riegel aus Thermoplastik.

Das ganze Scheißding ist aus dem 3-D-Drucker, warum bin nicht gleich drauf gekommen!

Und ganz nebenbei haben die ihn auch noch in diese Falle gelockt wie ein altes Schlachttier zum Abdecker, haben nur mit ihm gespielt, haben ihn gefilmt, damit die Zuschauer über ihn lachen können im Comedy-Teil der Breaking-News.

Wird es heißer hier drin? Ja, wird es. Er riecht irgendein Gas. Der Boden bricht auf. Einige der wandernden Tische und Stühle verschwinden in den Brüchen. Auch die Wände zersplittern, dann schließen sich die Risse wieder. Er weicht einem Tisch aus, der auf ihn zu rast, duckt sich, weil ein Sessel über ihn hinwegfliegt, und geht dann vor einem Loch in die Hocke, das sich in der Wand vor ihm öffnet, bereit zum Absprung.

Er weiß, dass das mehr als gefährlich ist, er wird mit großer Wahrscheinlich draufgehen, aber hier drinnen ist auch nicht besser, und so zieht er seinen Bauch ein, als er denkt, jetzt könnte es passen, und schiebt sich mit Schwung durch die Öffnung vor ihm.

Die massiven Wandplatten krachen direkt hinter ihm wieder zusammen, aber erwischen nur einen seiner Schuhe, den er schnell abstreift, bevor sein Fuß zerquetscht wird.

Sein anderer Schuh macht Sperenzchen und kneift und drückt, als würde er seinen verlorenen Kumpel suchen, aber fuck it!, auch der kann weg! Und das ist er dann auch.

Auf der anderen Straßenseite erkennt er eine richtig runtergekommene Toreinfahrt, die viel- und schutzversprechend aussieht. Mit Sicherheit kein Plastik.

Die breiten Stufen der City Hall bewegen sich unter ihm und vor ihm auf und ab wie schwarz-weiße Pianotasten, und er surft auf ihnen nach unten, so wie er als Kind auf feuchtem Gras die Hügel runtergerutscht ist. (Hügel und Gras und Morgentau, er riecht und sieht in eine Zeit, die Jahrhunderte zurückzuliegen scheint.) Holt sich erst mal eine ordentliche Sinfonie Dresche von dem Stufengeklimper ab, besonders seine kaputte Schulter hat richtig zu leiden, aber irgendwie landet er wieder auf seinem Arsch, unten auf der Straße. Der Boden wird ihm definitiv zu heiß! Er rappelt sich auf, als eine Drohne mit dem Heulen eines Sturzkampfbombers auf den Asphalt schlägt, genau dort, wo er eben noch gehockt hat.

Wo sind diese Möchtegernrebellen mit ihren Schmetterlingsnetzen, wenn man sie mal braucht! Und mit der nun schmelzenden City-Hall im Rücken, die im Kunststoffsumpf der Straße versinkt, kriecht er über den weicher werdenden Asphalt, verliert auch noch beide Socken an die schlierige heiße Pampe.

»HÜGEL UND GRAS UND MORGENTAU... EINE ZEIT, DIE JAHRHUNDERTE ZURÜCKZULIEGEN SCHEINT.«

Im Schaufenster einer alten Eck-Apotheke erkennt er einen Werbeslogan für Abführmittel:

WENN DU MUSST, DANN GEH! Das gibt ihm die Richtung vor, aber noch weiter weg, am Ende der Gasse wartet die Erlösung: PUBLIC TOILET.

Das Kopfsteinpflaster behandelt seine nackten Füße gar nicht gut, und die zerbröckelnden Betonstufen, die runter zum Klo führen, erinnern ihn an die Stufen der Metrostation, deren dunklen Eingang er fürchtete, aber diesmal zögert er nicht, steigt hinab, Stufe für Stufe, geht durch die zerschundene Tür mit der Aufschrift W.C., tritt ein in die ihm so bekannten Aromen alter Pisse, und ist dann, *all of a sudden*, wieder dort, wo er herkommt, auf einem im Zwielicht liegenden Fußweg, irgendwo in einem der alten Viertel der Stadt.

Er lehnt sich an eine rostige Straßenlaterne, versucht, seine kaputte Schulter zu entlasten, ringt nach Luft. Er ist zu alt für diesen Scheiß. Noch so eine City-Tour, und er ist am Ende, auch ohne Drohnen. Fühlt sich an, als wäre seine Schulter gebrochen, und er spürt den stolpernden Schlag seines Herzens, dass er es mit der Angst bekommt und beinahe seine blutenden Füße vergisst. Aber er fühlt sich jetzt sicherer, das sanfte Zwielicht, der Nieselregen und das Grollen der Züge im Untergrund beruhigen ihn. Vielleicht macht er sich nur selbst etwas vor, denn wie jeder Street Cop weiß er, dass es nirgendwo sicher ist, aber mit jedem seiner schweren und keuchenden Atemzüge glaubt er es doch.

Der Bürgersteig ist mit Zigarettenkippen bedeckt. Wahrscheinlich bieten die Straßengirls hier ihre Dienste an, Dealer ihre Ware, man trifft sich auf eine Zigarette oder jagt sich gemeinsam was rein.

Damals, als er anfing, haben noch alle geraucht. War wie ein Teil der Uniform. *Haste mal Feuer?* So kam man mit Bullen oder auch Gangstern sofort ins Gespräch, so lernte man sich kennen. Verlor sich wieder.

Er schaut, ob ein paar der Kippen noch zum Rauchen taugen, sackt die guten ein, entspannt sich. Langsam, ganz langsam.

Ob sie ihn in diese Fake-City-Hall gelockt haben? Aber sie hätten ihn doch erschießen können oder mit einer Drohne auf den Bordstein nageln ... Wenn er's wirklich geschafft hat, davonzukommen, dann doch nur, weil sie ihn davonkommen ließen. Er war die ganze Zeit nur ein Lockvogel, das erkennt er nun. Die alten Viertel sind ihr wirkliches Ziel. Aber die befinden sich außerhalb der bekannten Koordinaten, und so brauchten sie irgendeinen Idioten, der sie hinführte, und er hat diese Rolle perfekt ausgefüllt, hat die Pisser bis zu dem vergammelten Klo gebracht. Aber dort haben sie wohl haltgemacht. Keine Spur von ihnen. Also *noch* nicht. Er fragt sich, ob er irgendwas bei sich trägt, das ihnen ein zurückverfolgbares Signal liefert. Seine Hundemarke vielleicht? Oder der Sensor in seiner Dienstmütze? Aber die hat er doch längst verloren, wie seine Schuhe und sein Phone.

Die Straße ignoriert ihn, niemand vertraut ihm hier, Köpfe senken sich, die Leute halten Abstand. Muss an seiner Uniform liegen. Kann er gut verstehen. Und so fängt er an, den dunkelblauen Stoff abzulegen, schafft das mit links (seinem funktionierenden Arm), alles runter vom Körper und in die Öffnung eines Gullies gestopft, die Unterhose zur Sicherheit auch. Und sofort erntet er Zustimmung

von allen Seiten, sieht Lächeln in der Nacht.

UND WIE LÄUFT ES SO?, fragen ihn die rot flimmernden Neonbuchstaben auf einer Anzeigetafel über einem billigen Hotel.

Läuft!, presst er durch seine zusammengebissenen Zähne, und das Licht blinkt kurz und aus dem Rot wird ein dunkles Blau.

Er kratzt an dem eingetrockneten Schleim auf seiner Wange. Elektra, oder das, was von ihr übrig ist. Vorsichtig streicht er über sie. Das erregt ihn, und er fühlt sich ihr nah. Er wird in die Bar gehen, die hier ganz in der Nähe sein muss, vielleicht ist ja wieder oder immer noch NUDIE'S NIGHT. Er wird ein Bierchen nehmen mit irgendeiner alten Freundin, wird auf den kleinen Ghoul Elektra trinken, was zu essen wäre auch nicht schlecht. Vielleicht das Grilled Cheese Spezial, passend zu dieser Nachtschicht.

Auf einer eben noch dunklen Anzeigetafel über dem Portal eines alten Kinos erscheint plötzlich die Ankündigung einer klassischen Screwball-Komödie, wie es sie heute längst nicht mehr gibt. COMING SOON: »IT HAPPENED ONE NIGHT« LACHEN SIE ÜBER DIE TÜCKEN DES SCHICKSALS! LOVE SCHMERZT AND LAUGH TOO.

Als Kind hat er nie verstanden, was an diesen Filmen lustig sein sollte. Liebesprobleme und andere Verwicklungen, dazu das dumme Geschnatter alter Ladies, das keinen Sinn ergab, lauter flache Witze. Er hat es nie zu Ende angehört und geschaut, hat die Vorstellungen verlassen. Nun würde er bleiben. Vielleicht, weil er nicht mehr genau weiß, was überhaupt noch einen Sinn hat. Und ob nicht das ganze Leben nur ein flacher Witz ist auf irgendeinem Screen.

Lohnt es sich, für nichts zu leben? Und was ist dieses NICHTS? Oder ist da doch *something*, für das er seinen fetten Arsch durch die endlose Nacht bewegt hat?

Und was hat *das Leben* für Elektra bedeutet? Sie hat es verloren, aber dann wieder zurückgewonnen in einer Horror-Show. Nein, eine Vorstellung reicht vollkommen, Vorhang auf, Vorhang zu.

Ich liebe dich, hatte sie zu ihm gesagt, kurz bevor sie endgültig verschwand. Er war sich sicher, diese Worte gehört zu haben. (Niemand hatte zuvor so etwas Schö-

nes zu ihm gesagt, vielleicht seine Großmutter auf ihrem Sterbebett, aber das war
was anderes.) Und er war der Einzige, der
Elektras letzte Worte gehört hatte. Und
wenn es ihn, irgendwann, nicht mehr gab,
dann waren auch diese Worte für immer
verschwunden, als hätte es sie nie gegeben.
Und selbst das klingt wie die Pointe eines
flachen Witzes. Der Street Cop beginnt zu
weinen. Tränen laufen über sein Gesicht.
Wenn irgendjemand fragt, es ist nur der
Regen.

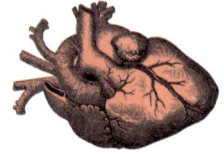

Art Spiegelman: Zuerst einmal: warum ein Street Cop?

Robert Coover: Ich habe *Street Cop* 2019 geschrieben. Wie alles, was ich schreibe, entstand der Text

aus meinen Ängsten um die Gegenwart. Ich hatte schon vorher über Privatermittler geschrieben, aber der einfältige *Street Cop* war neu. Ich mochte die Vorstellung von einem Typen, der die Technik nicht versteht. Es geht um einen Trottel, der früher Gauner und Dealer war, bis er aus Versehen Polizist geworden ist, und der jetzt durch eine Technik-Stadt stolpert, in der sich die Straßen wegen der 3-D-Drucker täglich verändern: Vergangenheit, Gegenwart und Zukunft verschwimmen. Sein Job besteht eher darin, Verdächtige zu verurteilen als Kriminalfälle zu lösen, aber eigentlich will er nur in den alten Teil der Stadt zurück, in die schäbige, noir-mäßige Gegend, in der er für seine Bedürfnisse und Unzulänglichkeiten nicht verurteilt wird.

AS: 2020, als ich die Geschichte das erste Mal las und zusagte, sie zu illustrieren, war ich dankbar, dass ich aus dem ländlichen Bunker in den Wäldern, in den wir uns aus New York in die Quarantäne zurückgezogen hatten, in eine Dystopie entfliehen konnte, die sozusagen gleich um die Ecke spielte. Bei all den schrecklichen Nachrichten und dem zwanghaften »doom-scrollen« – ich liebe diesen Ausdruck – hatte ich das Gefühl, dass ich in der covid-freien Luft von *Street Cop* atmen konnte, weil sie wenigstens nicht die beiden schlimmsten Viren, Covid und Trump, enthielt. Aber dann waren gleich auf dem ersten Bild, das ich zeichnete, Covid-Viren zu sehen. Es war unvermeidbar, dass sie einen Weg in die Gegenwart der Geschichte fanden.

RC: Sie ist jetzt infiziert.

AS: Aber das Schöne an *Street Cop* ist, dass es nicht um einen bestimmten Zustand der Gegenwart geht – die ganze Geschichte ist durchdrungen vom Jetzt: die Entmenschlichung, die Versuche der Leute, miteinander in Verbindung zu treten in einer Welt, in der das praktisch unmöglich scheint, die Technologien, die sich auf alles auswirken und unkontrollierbar werden, der Schurke und der Polizist, die ein und derselbe sind. Wer hätte gedacht, dass unser dummer Street Cop, oder zumindest seine Truppen von Robot-Cops, nur wenige Wochen nach meiner Arbeit an dem Text, auf den Titelseiten von Zeitungen in der ganzen Welt zu sehen sein würden?

RC: Ja, und die Komplexität, die du beschreibst, entstand vor allem, weil ich die Geschichte nicht als direkte Antwort auf irgendetwas geschrieben habe. Der *Street Cop* ist aus einer uralten Tradition entstanden, nicht aus den Schlagzeilen. Ich wollte seine Bedeutungslosigkeit einfangen und die Technik-Stadt als einen Spiegel seiner Unzulänglichkeit nutzen. Ich denke, durch diesen Gegensatz wird etwas von seiner Menschlichkeit sichtbar. Ich arbeite oft mit mehr oder weniger unschuldigen Figuren in einer feindseligen Umgebung, aber in diesem Fall sind Unschuld und Feindseligkeit miteinander vermischt.

AS: Das kann man sagen! *Street Cop* ist syntaktisch und stilistisch gleichermaßen komplex. Es hat ein paar wirklich schöne Hammet- und Chandler-Töne, aber es klingt ganz anders, wenn du die Geschäfte in der Zoohandlung beschreibst, der Ladenbesitzer, der einen Typ dazu bringen will, dass er einen Zombie kauft. Das ist ein anderes Muster, ein Gothic-Sound, eine andere Art des Erzählens.

Herauszufinden, was diese Mischung zusammenhält, was sehr besonders, es ist seltsam aufwühlend, wie diese Genres neu zusammengefügt werden. Das bringt mich auf einen Gedanken: Über unsere Arbeit könnte man sagen, dass zwei »Postmodernisten« zusammenkommen. Ich bin nicht sicher, was genau Postmoderne ist, aber wir beide zitieren aus einem Speicher der Popkultur und arbeiten mit Querverweisen aufeinander.

RC: Sicher, aber ich habe mich immer dagegen gewehrt, gelabelt zu werden, vor allem als »postmodern«. Das hat sich immer viel abstrakter angefühlt als das, was wir tun. Ich habe mal eine Konferenz gehalten, auf der ich die Presseleute gefragt habe, ob sie Postmoderne definieren könnten. Es endete mit Gelächter.

Ich habe immer sehr aktiv versucht, mich vom traditionellen Realismus zu distanzieren, und ich denke, ich habe Wege gefunden, das zu tun. Deshalb bezeichnet die Kritik mich als postmodern. Ich verstehe das, was du beschreibst, als meine eigene Form des Realismus.

AS: Es ist ein bisschen wie mit der Malerei, als man nach der Erfindung der Kamera weitermalen und einen neuen Realismus finden musste, der die Landschaften zerteilte und zwischen Tiefe und Flächigkeit schwanken ließ – was man Kubismus nannte. Er war eine ganz natürliche Antwort auf den speziellen Realismus der Fotografie, aber er war dennoch ebenso ein Versuch, die Wirklichkeit abzubilden, genauso, wie dein Schreiben näher an der Wirklichkeit ist als jeder Nachrichtenbeitrag.

Unser Zeitgeist hat uns vor allem mediale Splitter als Wirklichkeit gelassen. Im Schreiben oder Zeichnen versucht man, den atmosphärischen Druck um uns herum zu messen.

RC: Das stimmt. Wenn Leute mich fragen, sage ich, dass ich meinen Realismus von Kafka gelernt habe. *Street Cop* ist ein gutes Beispiel für eine realistische Geschichte.

AS: Ich habe Kafka entdeckt, als ich zwölf war, in einer Abteilung der Bibliothek, in der ich nicht hätte sein dürfen. *Die Verwandlung* kam mir vor wie eine extrem gute Folge von *The Twilight Zone* (was jede Woche als »Dimension, so weit wie der Raum und so zeitlos wie die Unendlichkeit« beschrieben wurde), aber natürlich ging es bei Kafka um die Gegenwart, in der der Text geschrieben wurde.

In *Street Cop* geht es so sehr darum, die Zeit aufzubrechen – und den Raum. Sie sind ein gutes Duo: Zeit und Raum. Und ich muss sagen: dass Raum und Zeit ihre Koordinaten verlieren, war eine wirklich gute Inspiration für die Illustrationen. Die Bilder sind so eingefügt, dass sie sich rückwärts auf die Seite beziehen, die man gerade gelesen hat oder so, dass sie visuelle oder verbale Informationen zeigen, die erst auf der nächsten Seite verständlich werden. Sie versuchen, Vergangenheit, Gegenwart und Zukunft so zusammenzuwerfen, wie es auch auf der Erzählebene geschieht. Ich denke, darin spiegelt die Geschichte die Merkwürdigkeit unserer gegenwärtigen Realität mit ihrem Schleier der Nostalgie.

RC: Ja, es geschehen merkwürdige Dinge in meinen Texten. Aber auch in der echten Welt geschehen merkwürdige Dinge.

AS: Pete Hamill erzählt in seinem Buch *Downtown* von New York und dem unterschiedlichen Empfinden von Uptown und Downtown, dass manche Institutionen und Gebäude in Uptown eigentlich nach

Downtown gehören – und umgekehrt. Da klingt die Technik-Stadt aus *Street Cop* an. Er erzählt von der Nostalgie – von Automatenrestaurants, der alten Penn Station – und sagt, dass es nicht reicht, liebevoll zurückzublicken. Man hat auch die Pflicht, nicht zu vergessen. Und man muss akzeptieren, dass die Veränderung ein zentraler Bestandteil der Stadt ist. Läden, die es vor sechs Monaten noch gab, sind jetzt einfach verschwunden, das war schon so, bevor Covid diese Veränderungen beschleunigt hat …

RC: Ein Laden schließt nach dem anderen …

AS: Ja, man muss die Vergangenheit wertschätzen, aber auch das akzeptieren, was sie ersetzt. Man muss die Veränderung annehmen, weil man einfach an einem bestimmten Punkt in die Erzählung gekommen ist, als es gerade vielleicht Automatenrestaurants oder Pulp-Magazine gab. Man muss in der Lage sein, das für sich zu bewahren, aber auch zu bedenken, dass jemand anderes Nostalgie empfinden wird für Dinge, die vielleicht 15 Jahre später kamen – auch das gehört zu der Vermischung von Vergangenheit, Gegenwart und Zukunft bei *Street Cop*.

Natürlich geht es in der Geschichte um die Gegenwart, das ist klar. Aber was mich interessiert, ist, dass es wirklich auch um den Rückblick geht in *Street Cop*. Nicht nur darum, als ahnungsloser Polizist verloren zu sein. Es geht auch um eine ganz besondere Nostalgie: eine Nostalgie für die Gosse.

Und das hat mich zu der Bildwelt der »alten Viertel« gebracht – ich dachte: »Okay, das muss bevölkert sein von der frühen Comic-Kunst des letzten Jahrhunderts.« Meine Vorstellung vom Futurismus beruht also auf Sachen aus den 60ern und davor. Du weißt schon, Buck Rogers …

RC: So ging es mir auch. Diese zerrissene Vergangenheit war mir sehr bewusst, dass wir mit ihrer Schattenexistenz hinter uns leben. Ich liebe übrigens deinen Ausdruck »Nostalgie für die Gosse«. *Street Cop* hat viel zu tun mit dieser Nostalgie.

AS: Der Begriff Nostalgie war nie dazu gedacht, alte Fernsehsendungen zu vermarkten. Es geht um ein viel schmerzlicheres Gefühl. Im Russischen schwingen Krankheit und Schmerz in dem Ausdruck mit. Der Schmerz der Vergangenheitsbeschwörung.

Diese schmerzliche Erinnerung macht unseren *Street Cop* so menschlich. Besonders im Licht der futuristischen Welt, die so ganz ohne Charakter, ohne Textur ist – alles, was bleibt, ist das seelenlose Lächeln von Elektra (deiner Weitererzählung von Siri oder Alexa) auf dem Smartphone.

RC: Ja – und es gibt zwei Elektras in der Geschichte: Die zusammengesetzte Leiche einer einst lebendigen Person und die kalte künstliche Intelligenz auf dem Handy. Die einst lebendige Zombie-Elektra ist während des Schreibens ganz natürlich entstanden. Sie hat sich als Charakter entwickelt und wurde zu einer Art Heldin.

AS: Allerdings! Sie ist herzzerreißend.

RC: Man kann zusehen, wie ihr Herz zerreißt in ihrem Körper.

AS: Todd Gitlin schrieb in den Achtzigern in der *New York Times* über die Postmoderne und nannte *Maus* als ein Beispiel für eine »starre, neu zusammengesetzte Fiktion«, die aber »die wahre Neuigkeit eines Gefühls unter der Oberfläche, eines Sinns und einer Sinnlichkeit« biete. Vielleicht fand ich es deshalb so befriedigend, dass Elektras Geschichte mit den Worten »Ich liebe dich« endet, auch wenn sie verzerrt klingen in dem Haufen Fleisch. Da ist etwas sehr Menschliches, das heraus will – es ist ein Mix der Genres, aber nicht um seiner selbst willen.

RC: Etwas sehr Menschliches. Das Ringen um Liebe, um ein gutes Ende, das Ringen mit dem Schicksal. Alle diese Figuren – die Elektras und unser Trottel – sind gefangen in Narrativen, die sie geerbt und nicht gewählt haben, aus denen sie verzweifelt zu entkommen versuchen, auch wenn sie dadurch meistens nur in neue Narrative geworfen werden.

AS: Genau wie es uns in unseren Leben ergeht.

RC: Ja, wir sind gefangen in den Geschichten der Toten. Die meisten Leute akzeptieren diese Geschichten einfach, an die sie gebunden sind, das ist der einfachste Weg. Aber andere finden Wege des Widerstands, und einige meiner Figuren sollen als Vorbilder für uns dienen können, für den Widerstand gegen das Gefangensein.

AS: Wenn wir unsere gemeinsame Arbeit so interpretieren, frage ich mich aber wirklich: Wie um alles auf der Welt bist du darauf gekommen, mich um die Illustration zu bitten? *Street Cop* ist eines der ersten Bücher überhaupt, das ich illustriert habe. Als ich dein Manuskript bekommen und es gelesen habe, habe ich die ganze Zeit gehofft, dass es nicht um Juden oder Mäuse geht, damit ich die Arbeit annehmen konnte! Das ist es, was die meisten Leute von meiner Arbeit kennen und erwarten; aber Teil der Herausforderung für mich war: Wie illustriere ich so etwas?

RC: Ich muss gestehen, dass ich nicht erwartet hatte, dass es so gut würde, wie es dann wurde. Ich dachte, es wäre eine unmögliche Aufgabe. Aber ich glaube, deine Illustrationen beantworten die Frage am besten. Ich liebe *Maus*, aber das ist nun etwas ganz anderes. Wenn du vorher Dinge gemacht hättest, die ähnlicher wie mein Buch gewesen wären, hätte es vielleicht nicht so gut funktioniert. Deine Zeichnungen zeigen Dinge, von denen ich nicht wusste, dass sie da waren. Es war eine Offenbarung.

AS: Wolltest du nie Comics machen, früher in deiner Karriere?

RC: Das habe ich. Ich habe Strips gezeichnet für meine Familie, als ich acht oder neun war, die Familiengeschichte aufgeschrieben und illustriert und so. Aber das war ein Verlangen, das ziemlich früh verging. Es war nichts, für das ich wirklich brannte. Schreiben war die Hauptsache.

AS: Zeichnest du noch?

RC: Das tue ich, ich zeichne immer noch Gesichter. Und ich kritzle auf die Ränder von allem, woran ich gerade arbeite. Es ist nicht gerade gut, obwohl ein Kunstlehrer mich einmal fragte, warum ich mich nicht aufs Zeichnen verlegte statt auf die Kunstimitation. Zu der Zeit versuchte ich gerade, mit Wasserfarben zu arbeiten.

AS: Ich wollte Cartoonist werden, weil ich nicht zeichnen konnte und weil ich es mochte, wie all die anderen Leute zeichneten, die auch nicht zeichnen konnten. So habe ich meine große Liebe dafür entdeckt. Ich habe alles kopiert und einfach versucht herauszufinden: »Wie malt dieser Typ ein Ohr? Er malt einfach eine verkehrte sechs in ein C. Und ein anderer malt ein umgekehrtes e. Und noch ein anderer eine ganz andere Version.« Es gab wirklich eine Art schriftliche Sprache der Bilder, die ich lernen und zusammensetzen musste.

RC: So sehe ich Tropen, sogar ganze Genres, die immer wieder überarbeitet werden und sich verändern, so dass sich ihre Bedeutung immer weiter krümmt. Sie sind unsterblich und universell – und wie du sagst: Sie können unterschiedlich gezeichnet oder kombiniert werden. Das ist das Chaos der menschlichen Natur.

AS: Wir arbeiten mit diesen seltsamen linguistischen Bausteinen, die wir neu zusammensetzen, um überhaupt *irgendetwas* zu sagen, sei es in Worten oder Bildern. Und gerade, ganz politisch gesprochen, wird vieles in diesen Kämpfen humorlos und grenzt an Zensur, so dass es nicht mehr möglich ist, Gedanken zu formen und auszudrücken und neu zu formen, zu besseren Gedanken. Wir brauchen Humor, weil er der Code ist, mit dem wir das übliche Denken durchbrechen können. Es gehört zu seiner Natur, dass der Humor immer den Seiteneingang sucht.

RC: Auch da stimme ich zu, ein Teil des gegenwärtigen Problems ist der fehlende Humor. Aber manche haben ihn noch und vielleicht wird einer von ihnen bei Gelegenheit aufstehen.

AS: Das hast du in die *Die öffentliche Verbrennung* getan; es war das erste Mal, dass eine Romanfigur den Namen einer öffentlichen Person trug: Richard Nixon.

RC: Ich habe oft mit Humor und Spott auf unsere patriotischen und kulturellen Mythen gezielt. Das gehört zum Geschichtenerzählen – sie neu zu kombinieren und ihre Unwahrheiten bloßzulegen, wenn es um Freiheit, Gerechtigkeit, Gleichheit geht, aber auch in Bezug auf Rassismus, Sexismus und Angst. Und dem gegenüber muss man offen sein, sonst entwickelt man sich zwar weiter, aber nur durch Repression, was nie gut ist.

AS: Jemand hat mir einmal geschrieben: »Wenn es einen Gott gibt, dann sitzt er vermutlich dort oben und binge-watcht die Erde. Was für eine Geschichte!« Das Einzige, was einen innehalten lässt, ist, dass das alles wirklichen Menschen geschieht und dass es unser Planet ist. Unsere Vorstellung von Demokratie ist nur ein missglücktes Experiment. Es ist erstaunlich, dass zumindest ihre Illusion sich so lange gehalten hat.

RC: Ja. Die, die sich für Demokratie – oder die Erde – einsetzen, scheinen entweder der Zerstörung geweiht zu sein, oder sie schaffen es irgendwie, beides als Täuschung wiederherzustellen.

AS: Die Pandemie war wie der Puder, mit dem man Fingerabdrücke nimmt – sie hat all die Verbrechen sichtbar gemacht, den Rassismus und den Fremdenhass, die Grausamkeit, mit der unsere wirtschaftlichen und ökologischen Ressourcen verteilt und genutzt werden. Man kann wirklich nicht mehr leugnen, wie unglaublich rassistisch die USA immer waren und es immer sein werden – und dass das unsere Geschichte ist, alles andere waren nur Märchen.

RC: Die Schlechtigkeit der Welt ist nichts Neues, und wir werden immer warten und zusehen und hoffen, dass alles zu einem guten und glücklichen Ende kommt. Aber das wird nicht geschehen. Und ich glaube, das begreifen gerade immer mehr Menschen.

AS: Aber es ist schwer, damit umzugehen, weil das, was wir durchleben, so groß ist. Und dein Buch ist so klein.

Deutsche Erstausgabe

Erschienen bei S. FISCHER

Die Originalausgabe
erschien 2021 unter dem Titel
»Street Cop« bei isolarii.
Text Copyright © 2020, Robert Coover
Illustrations Copyright © 2020, Art Spiegelman
All rights reserved

Für die deutschsprachige Ausgabe:
© 2023 S. Fischer Verlag GmbH,
Hedderichstr. 114,
D-60596 Frankfurt am Main

Satz: Minou Zaribaf
Printed in Latvia
978-3-10-397529-1